U0141602

讓生命潛能 帶你探索心靈世界的真、善、美
Life Potential Publishing Co., Ltd

奧修談勇氣

在生活中冒險是一種喜悅

Courage：
The Joy of Living Dangerously

奧修 著
黃瓊瑩 譯

未曾誕生
未曾死亡
只是
從一九三一年十二月十一日
到
一九九〇年一月十九日
拜訪這個星球

目錄

推薦序

人因勇氣而生存

高銘和

社會不景氣，經濟又如此衰退，加上天災人禍接連不斷，活在這塊土地上的人，要不是有非常堅強的勇氣，恐怕都已自行了斷了。

其實，人一出生就是一種勇敢旅途的開始，打從呱呱墜地那一刻起，就已經開始以勇敢的態度來面對世界。適者生存一直是人類遵行到今天的不變法則，這個法則明白地告訴我們：有足夠勇氣的人才會存活到現在。因為地球上每天發生足以致人於死的事件很多，而能夠克服這些困難的人，當然就有資格繼續生活下去。

我於一九九六年攀登世界第一高峰——聖母峰，在海拔八千七百公尺時發現天候已經變壞，但距離峰頂八八四八公尺只剩下一百多公尺，在衡量種種情況之後，變得很勇敢地往上繼續攀登，終於超越重重困難登上聖母峰，但無情的風雪也毫不客氣地席捲而來，一下子就籠罩整座聖母峰。我在風速超過一百五十公里，溫度降到攝氏零下五十度的惡劣情況下，以冷靜的頭腦和恐怖的風雪共度了一個最漫長的黑夜，直到第二天才在昏迷中被雪巴人救起，幸運地保住了一命，可是同天登頂的山友已死了八個人。當時不知道害怕，只知道要很務實地面對暴風雪，趕緊把一生所知的登山知識和技巧完全發揮出來，以克服這迎面而來的凶惡緊急事件，才很幸運地逃過這一劫。

今天，看了奧修這本《奧修談勇氣》，才赫然發現勇氣的真正意義，也了解到當年自己是因為無懼於暴風雪的襲擊，才有時間去解決很多困難。更難得的是這本書教我們很多增加勇氣、認識勇氣的真諦和方法，使每一個人因而可以過得更充實，減少很多不必要的煩惱和害怕，碰到生活中諸多的挫折和逆境，就能鼓起勇氣去面對並克服，對你我云云眾生而言，無疑是一盞通往無懼世界的明燈。除此之外，本書還舉了很多頗富哲理和寓意的小故事，除了述說大道理之外，添加了一些輕鬆但很有意義的實例，使得本書更加豐富可讀。

高銘和　Makalu

・登山家、攝影工作者
・著有《九死一生》、《大山人生》二書

譯者序

在奧修的羽翼下療傷

能夠翻譯《奧修談勇氣》這本書，可以說是上天賜給我最大的恩惠。

通常當我翻譯時，我會戴上耳機聽音樂，將自己調到「工作」的頻道上，但是在翻《奧修談勇氣》時，這套方式完全被打亂了，原因是這本書深深地撞擊到我。有許多次我放下手邊的工作，抓起筆記猛寫下內在正在發生的事；有時則是心裡感到激盪而一邊掉眼淚，手指頭卻仍在鍵盤上飛舞著……。

這段時間我剛從印度回來，在那裡我掏掉不少累積多年的情緒與壓力，於是才有空間看到奧修所說的恐懼。當我一面聽他從不同角度解析恐懼時，我的內在同時有一場電影自動在放映著，那場電影所放的是在不同場景下，我所經驗到的相同恐懼，從童年、青少年、一直到現在。就像奧修在書中提到，人在死前會有的回顧經驗一樣，記憶的大門因此而打開，在一件件的往事中，我看到自己是如何地活在恐懼的黑洞裡。

有一天早上，在我將醒未醒之際，腦海中突然有個聲音跑出來，不知道是從哪裡來的，那道無聲的聲音用中英文，幾乎是同步在說著四個字：「生命原型」（the mould of life）。當我思索著這四個字與我有何關係時，在翻譯的過程中逐漸看出答案。

在出生四個月之後，我被原生父母送給現在的父母收養，從此我失去對生命的信任；那是一道深深的傷，那道傷決定了我此生的生命原型。我看出被送走時的驚嚇所衍生的恐懼，主宰了我後來的整個生命，包括原生家庭的人，他們的強勢是如何令我感到不寒而慄，而我又是如何出於恐懼而做了許多錯誤的決定，還有為什麼我總是會遇到想要糾正我的人。我對自己感到好挫敗，卻從來不明白為什麼，也不曾意識到我一直以逃避的方式在過生活。

每個人所選擇的生命原型不盡相同，但進入生命的目的都是一樣的：發現自己的本來面目。曾經，我是那樣地投入在發生的故事裡，和劇中人物糾纏不清，卻不知道我此生的生命原型是自己早就決定好的，也不知道故事的發生所要帶給我的啟發是什麼。

幾年下來，我的生活無一刻是放鬆的，健康逐漸走下坡，財務狀況也未見起色，到最後，一場和原生家庭的紛爭使我瀕臨身心崩潰。

在認識奧修十一年之後，第一次感覺自己真正進入了靜心的軌道，終於能夠認清一件事實：放太多能量在與其他演員的掙扎上並不是重點，我內在所發生的事才是重點，那完全與別人無關，而且我只能用自己的方式單獨去面對。

我的「原始治療」（Primal Therapy）老師曾說：「當一個人的痛苦大過於恐懼的時候，他自然會跳。」這話正是我此番經驗的寫照，痛苦到了極致，自然有勇氣不願再痛苦下去。

蛻變是同時夾帶著喜悅與痛苦的過程，我何其有幸在這個過程中能遇見奧修，聆聽他的智慧，感受他的慈悲與愛，分享他的幽默。對於那不可說的，他居然能說那麼多，而且說得令人拍案叫絕。我深深地感謝存在賦予我這樣的機會，翻譯奧修的話，感覺就像與他共舞一般，雖不易，卻感到無比、無比的幸福。

重新踏上靜心之路的感覺，真好！

黃瓊瑩　Sushma

- 世新大學公共傳播系畢業
- 喜歡爵士鼓、塗鴉、下雨時去跑步；專長是煮印度奶茶
- 電子信箱：dancewithosho@yahoo.com.tw

如果你不勇敢，你就不真實；

如果你不勇敢，便無法去愛；

如果你不勇敢，你沒有能力深入現實中探究。

所以，只要先有勇氣，

其他一切自然會發生。

前言　生命本該充滿驚奇

別說是不確定，叫它做「驚奇」；
別說是不安全，叫它是「自由」。

我在此不是要給你某種教條，因為教條讓人感覺確定；我在此不是要給你什麼對未來的承諾，所有關於未來的承諾會使人覺得安全。在這裡，我只是要使你警醒與覺察一件事，那便是：與生命中一切的不安全，與生命中一切的不確定，與生命中一切的危險，共處於每個當下。

我知道你來這裡是為了找尋一些確定、一些教條、一些「主義」，找尋你可以歸屬的地方，找尋你可以倚靠的人。你出於恐懼來到這裡，想要找一座美麗的監獄，好讓你可以沒有覺察地活著。

我想要使你更不安全、更不確定，因為生命本是如此。當生命更不安全、更危險，唯一可以回應的方式是靠覺察。

有另一種可能性，是你雙眼閉上，成為教派主義的人，做一名天主教徒或印度教徒、回教徒……你成了一隻鴕鳥，但你的生活不會因此而改變，你只是閉上眼睛，然後做個愚蠢、遲鈍的人。你的遲鈍使你感到安全，所有的白痴都覺得安全；其實，也只有白痴會覺得安全，一個真正生龍活虎的人總會感覺到不安全，有什麼會是安全的呢？

生命的過程不是一成不變的，你沒辦法確定任何事，生命是一個無法預料的奧祕，沒有人能知道下一個片刻會發生什麼。即使是你以為住在第七層天堂某處的神——假如祂住在那裡的話——祂也不知道將會發生什麼事！因為祂要是知道的話，那生命只是一場作假，所有的事已經事先寫好了，所有的事已經事先命定好了。

如果未來是一個未知數，神怎能知道下一步會發生什麼？如果祂知道下一刻會發生什麼事，那生命不過是一個刻板的機械化過程，如此生命便失去了自由，而沒有自由的生命怎麼能叫生命？這麼一來，成長或不成長都是不可能的。倘若一切都已事先設定好了，生命也就不再繽紛光亮，不再那般高貴莊嚴，而你，充其量只是個機器人。

不，沒有什麼是安全的，這就是我的訊息；沒有什麼能是安全的，因為一個安全的生活比死亡還糟糕。沒有什麼是確定的，生命之中到處都是不確定，到處都是驚喜，美就美在這裡！你永遠不會來到一個時間點可以讓你說：「現在我確定了。」當你說你是確定的，你等於在宣告你的死亡，你已經自我了斷了。

生命總是夾帶著許許多多的不確定在前進，這是一種自由，不是不安全。

我能了解為什麼頭腦管自由叫做「不安全」……你是否曾經在監獄待過一段時間？假如你曾在監獄住了幾年，當你被放出來的時候，你會對未來感到不確定。對被囚禁者而言，在牢裡的一切都是確定的，一切都是無聊的例行事項，有得吃有得喝，生活受到保護，不必害怕明天沒有食物會挨餓，那種事不會發生，一切都是確定的。多年之後，監獄的人突然告訴他：「你現在要被釋放了。」聽完後他開始顫抖，因為出了牆的另一端，他又要再度面臨不確定，他又得從頭開始探索，又得活在自由當中。

自由會讓人產生恐懼。

人們談論自由，可是卻害怕自由。如果一個人會害怕自由，他就還不足以稱為人。我給你自由，但不給你安全；我給你了解，但不給你知識，因為知識會使你確定。如果我能提供你一個處方，一套既定的公式，告訴你有聖父、聖靈以及耶穌，還有天堂與地獄，告訴你這些是善行，而那些是惡行，如果做惡你就會下地獄，如果做我所說的善舉，你就會上天堂，這麼一來你就確定了。這就是為什麼許多人選擇當基督徒、印度教徒、回教徒、耆那教徒，他們不要自由，反而要固定公式的原因。

有個人快過世了——由於路上突發的一樁意外。沒人曉得他是猶太人，所以一位天主教的神父被找來，神父挨近這個躺在地上就快走了的人，他只剩一口氣而已，神父對他說：「你相信聖父、聖靈以及聖子耶穌嗎？」

這位仁兄睜開眼睛，接著說：「幫幫忙，這會兒我都快死了，他還跟我玩猜謎！」

當死亡輕敲你門扉之時，你所有的確定會化為謎語及可笑的東西。別抓住任何的確定，生命是不確定的，它的本質即是不確定。不確定對智者來說是家常便飯。

隨時隨地處於不確定之中就是勇敢，隨時隨地保持在不確定之中就叫信任。一個有智慧的人在任何情境中都會維持警覺，並且全心全意來回應任何狀況，倒不是他知道會發生什麼事情，也不是他知道「這樣做，就會那樣發生」。因為生命並非一門科學，也不是一條因果鏈；好比你知道水加溫到一百度就會開始蒸發，像這類事情是確定的，可是在真實的生活中，事情不會那樣的確定。

每個個體都是自由的，一份未知的自由。你要套好的公式好讓自己抓住，我並不會給你，事實上，如果你有既定公式的話，我會將它們拿走。慢慢地，我會摧毀你的確定；慢慢地，我使你愈來愈遲疑；我讓你愈來愈不安全，這是唯一必須做的事，這是一個師父唯一需要做的事——將你赤裸裸的留在自由當中！在完全的自由當中，一切的可能性都是敞開的，沒有什麼是固定的……保持警覺，你沒有別條路可走。

現在，你能了解為什麼頭腦管自由叫做「不安全」了嗎？如果你能明白不安全是生命裡本來就有的一部分——也還好是這樣——因為它讓生命自由，使生命變成一連串的驚喜，你不知道接下來會發生什麼，驚奇將會不斷。所以，別說是不確定，叫它做「驚奇」；別說是不安全，叫它是「自由」。

心之道即是勇氣的道路，

意謂著活在不安全、活在愛與信任之中，

在未知中行動；唯有透過冒險，

生命才能臻至圓熟，朝向成長邁進。

第一章　什麼叫勇氣

剛開始時，一個膽小鬼和一個勇敢的人差別並不大，他們唯一不同之處在於：膽小鬼會聽從恐懼的話，而勇敢的人則把恐懼放一邊，逕自往前走。勇敢的人無視於任何恐懼的存在，他只管投入未知。

「勇敢」的意思是你無視於恐懼的存在，走進未知裡去。勇敢並不表示沒有恐懼，唯有在你持續展現勇氣、更加勇敢的時候，無懼才會發生，那是勇敢的終極體驗——無懼：當勇氣夠全然，無懼的芬芳四起。勇敢的人無視於任何恐懼的存在，他只管投入未知，儘管恐懼就在那裡。

當你像哥倫布一樣，去到人跡未至的大海之中，你會有恐懼，而且是很深的恐懼，因為你不知道後頭將會發生什麼事。你離開了安全的陸地，從某個角度看，在陸地上的一切都很好，唯獨欠缺一樣——冒險。一想到未知，你全身汗毛豎起，心再度躍動起來，又是個十足鮮活的人，你的每根纖維變得生龍活虎，因為你接受了未知的挑戰。

不管一切恐懼，接受未知的挑戰就叫勇敢。恐懼會在那裡，但當你一次又一次地接受挑戰，慢慢地，慢慢地，那些恐懼就會消逝。未知所帶來的喜悅和無比的狂喜，這些經驗會使你堅強，使你完整，啟發你的敏銳才智。生平頭一次，你開始覺得生命不是了無生趣的，生命其實是一場冒險，於是恐懼逐漸消失了，之後你會總是去探索冒險所在的地方。

基本上，勇氣是從已知到未知，從熟悉到陌生，從安逸到勞頓的一趟冒險之旅，這趟朝聖路上充滿險阻，而你不知道目的地在哪裡，也不知道你是否到得了，這是一場賭博，唯有賭徒才知道生命是什麼。

勇敢之道

生命才不理會你的邏輯，它自有其道，不受任何干擾，是你得去聽生命在說什麼，生命不會聽從你的邏輯，你的邏輯對它起不了絲毫作用。

當你進入生命的時候，你看到的是什麼？一場暴風雨來了，襲倒了許多樹木。根據達爾文所說，樹木應該活得下來才對，因為它們是最具適應力、最強壯的。你看一株亙古三千年的百呎高老樹，它的樣貌給人強而有力的感受，數百萬條根深植於地底下，這株老樹以無比的力量矗立著。這株樹會抗爭，它不想退讓服輸，但在暴風雨之後，老樹倒下，死了，所有力量都消失得無影無蹤，暴風雨太強烈，理當如此，因為暴風雨是從整體來的，而一株樹只是個個體。

再看普通的小草。當暴風雨來襲，小草屈服投降，於是暴風雨並沒有對小草造成任何傷害，頂多是幫小草做了一番徹底的洗禮，如此而已；所有堆積的塵埃被清洗得乾乾淨淨，暴風雨給小草洗了個不錯的澡。風雨過後，小草又興高采烈地歡舞。看似幾乎沒有根的小草，隨便一個小朋友都能拔得動，卻敵得過強勁的風雨，這是怎麼一回事？

小草遵循的老子的「道」，而大樹遵循的是達爾文的「物競天擇」。大樹是邏輯的，想抗拒，想表現它的力量，一旦你試圖表現你的力量，你注定會被打敗。像希特勒、拿破崙、亞歷山大這些人物，無一不是強壯的大樹，而個個全都被擊倒了。老子像是株小草，卻沒人能打敗他，因為他隨時都準備好臣服，你怎能打敗一個已經讓步的人？怎能打敗一個說：「我已經輸了。」或說：「老兄，享受你的勝利，不用麻煩，我已經輪了。」的人，在老子面前，就連亞歷山大也無計可施。曾發生過一模一樣的事情……。

一位名叫丹達米斯（Dandamis）的桑雅士（Sannyasin：在真理道路上的人），是亞歷山大在任時期的神祕主義者。那時亞歷山大人在印度，在去印度之前，朋友們告訴他應該要帶一位桑雅士回去，因為唯有在印度才找得到這種稀有的花朵，朋友們說：「我們想要看看桑雅士到底是什麼樣子。」

亞歷山大過於投入戰事，幾乎把這件事給忘記了，不過就在回去的路上，當他快到印度的邊界時，他猛然想起來。那時他正要離開最後一個村落，於是他派手下到村落裡詢問附近是否有桑雅士。出於偶然，剛好丹達米斯就在那個村裡的河邊。村民說：「你來得正是時候，桑雅士很多，但真正的桑雅士十分罕見，現在正好有一位在這裡，你可以在參加達顯（darshan：師父和門徒的聚會與交流）時拜訪他。」

亞歷山大笑道：「我來這裡不是為了參加達顯，我的手下會把他帶來，他將隨我回我國家的首府。」

「事情恐怕不會那麼容易……」村民說。

亞歷山大不相信，會有什麼難的？再了不起的君王他都打敗過，一個乞丐如桑雅士豈會難得倒他？他派手下們去找丹達米斯，發現他一絲不掛地站在河邊，手下們對他說：「偉大的亞歷山大邀請你去他的國家，你將成為皇室的貴賓，保證你有享不盡的榮華富貴。」

這位全身光溜溜的僧人笑著說：「你們回去告訴你們的主子，一個說自己偉大的人不可能是偉大的，而且沒有人能將我帶去任何地方，桑雅士就像雲一般自由來去，我不是任何人的奴隸。」

他們繼續說：「你一定聽聞過亞歷山大，他是個危險人物，如果你敢拒絕他，他會直接取走你的項上人頭！」

最後，亞歷山大不得不親自出馬，因為他的手下說：「那個人你很少見，他渾身散發著光，有種莫名的東西圍繞著他。雖然他光著身子，但在他面前你並不覺得他光著身子，事後你才會想起來。他懾人的力量使你根本忘記整個世界，他深具磁力，好像在他周圍的整個區域全都籠罩在他的寧靜與光之中。這個人值得一看，不過這個可憐的傢伙快要有麻煩了，因為他說沒有人能帶他去任何地方，還說他不是任何人的奴隸。」

亞歷山大手持一把沒有鞘的劍去找他，丹達米斯見了笑道：「放下你的劍，在這裡它無用武之地，將它收回鞘裡，你只能砍我的身體，而我老早離開身體了，你的劍砍不了我，所以將它收回去，別幼稚了。」

據說那是亞歷山大第一次聽從別人的命令，由於這個人的特別風采，使他忘了自己原先來的目的，他將劍收回去，然後說：「我未曾見過這般美的人。」當他回到營地時，他說：「要殺一個已經準備好去死的人很不容易，殺這樣一個人是無意義的。你可以殺一個跟你抗爭的人，那還有點意義，要是某個人說：『這是我的頭，你可以動手拿走。』你就無法殺這個人。」

丹達米斯確實說過：「這是我的頭，你可以動手拿走。當這顆頭落地時，你將會看著它掉到沙地上，我也將會看著它掉到沙地上，因為我不是我的身體，我是觀照。」

亞歷山大不得不對他的朋友們據實以報：「我本可以帶回許多的桑雅士，但他們不會是桑雅士。後來我遇到一個真正罕見的人，你們聽到的確實沒錯，這樣的花確實稀有，沒有人能強迫他，因為他不畏懼死亡，對於一個不怕死的人，你怎能強迫他做任何事？」

讓你變成奴隸的是你的恐懼；當你無所畏懼時，你不再是個奴隸。事實上，是你的恐懼迫使你在別人奴役你以前，先去奴役別人。

一個無懼的人既不怕任何人，也不會讓別人怕他，恐懼完全消失了。

心之道

勇氣（courage）這個字很有趣，它源於拉丁字根cor「心」，所以勇氣代表著要與心同在。唯有弱者與頭腦同在，他們在周圍營造出很有邏輯的安全環境，因為深懷恐懼，所以用理論、觀念這些長篇大論關上每一道窗戶與大門，然後躲在緊閉的門窗裡面。

心的道路即是勇氣的道路，意謂著活在不安全之中，活在愛與信任之中，在未知中行動；心的道路代表著遠離過去，允許未來的發生。勇氣是走在危險的道路上，生命是危險的，只有膽小鬼會躲避危險，但這樣一來，他們已經死了。一個活的人，真正活生生的人，他總是走入未知去冒險，心永遠準備好去冒險，心是一個賭徒。頭腦是一個狡詐多端的生意人，心則從來不會算計些什麼。

勇氣這個字很美，表示用心過生活，然後去發現事情的真義。詩人用他的心在生活，然後逐漸的，他可以從心底深處聆聽到來自未知的聲音；而頭腦聽不進任何東西，它與未知相隔十萬八千里，因為頭腦裡裝的是已經知道的東西。

頭腦是什麼？它是你所知道的一切，它是過去，已經不復存在的過去；頭腦除了一堆積累的過去之外別無其他。心是未來，代表的是希望，心永遠是關於未來。頭腦所想的是過去，心則夢想著未來。

未來還沒發生，但有一個可能性在，它會發生，而且已經在發生了，隨著每一個片刻的來臨，未來變成現在，現在變成過去。過去的已經了無希望，已經被用過了，它已經遠去，已然衰竭，就像墳場一般死寂。未來則如同一顆種子，正在前來，並總是與現在會合。你永遠在移動，現在不過是一個進入未來的移動，你已經踩在那一步上了，現在你正往未來而去。

世上的每個人都想要真實，因為，做一個真實的人會令人感到無比的喜悅、無盡的狂喜。那不真實的理由是什麼呢？你得要勇氣十足才能看得更深入一點：你為何會害怕？這世界能把你怎樣？人們可以笑你，多笑對他們有好處，歡笑怎麼說都是一帖健康良藥。人們可以認為你瘋了……正因為他們認為你瘋了，才表示你沒有瘋。

假使你對你的歡樂、你的眼淚、你的舞蹈誠實的話，遲早會有人開始了解你，或許還會有人加入你的行列。回想當初我一個人隻身在道途上，而人們陸續加入，到後來竟變成一支世界性的隊伍！我並沒有邀請過任何人，只是發自內心在做事。

我的責任所在是我的心，而非對任何人；所以你的責任是對你自己，別反其道而行，那是自毀的行為，再說那樣做對你有啥好處？就算人們尊敬你好了，認為你是個嚴謹且有著崇高德性的人，即使如此，你的本質並不會感受到滋潤，因為這些並不會啟發你關於生命的洞見，或使你領悟生命之美。

在你之前有超過幾百萬人曾經活在這地球上過，你甚至連他們的名字都不知道。不管他們是否曾經活過，那都沒有差別。活著的人中曾經有聖者，也有罪人；有德高望重者，也有稀奇古怪的瘋子，可是他們全都消失了，在地球上找不到一絲蹤影。你唯一關心的重點應該是：當死亡結束你的身體、頭腦時，那個你能夠帶走的品質，因為這些品質將會是你僅有的伴侶，它們才是真正有價值的東西，也唯有擁有這些品質的人才算是真正活過，其他人只是假裝在活而已。

在一個黑夜裡，蘇聯情報局的人敲著亞索．芬可斯汀的門，亞索應聲開了門，而情報局的人粗暴地叫道：「有沒有一個叫亞索．芬可斯汀的住這裡（live here）？」

「沒有。」亞索回答，身上穿著一件破舊的睡衣。

「沒有？那你又是誰？」

「亞索．芬可斯汀。」

蘇聯情報局的人將他一拳打到地上，對他說：「你剛才不是說你不住這裡嗎？」

亞索回道：「你管這叫生活（living）？」

只是活著並不盡然叫生活。看看你的生命，你可以說你的生命是一項祝福嗎？你可以說那是存在賦予你的禮物嗎？你會希望一再地被賦予這樣的生命嗎？

別聽經書上說的，聽你自己的內心。那是我唯一會寫下的經文：要非常注意地、非常有意識地聆聽你心裡的聲音，於是你永遠不會出錯。聆聽你自己的內心，你就不會再三心二意；聆聽你自己的內心，你將會開始往正確的方向前進，甚至連想都不用想什麼是對的，什麼是錯的。

新人類的生活藝術，會是在於有意識地仔細聆聽心的聲音，而且跟隨心的聲音，不管它將帶你到何處。有時候，心的聲音會帶你去到危險之處，不過牢記一件事，那些危險是需要的，這樣你才會成熟；有時候，它會帶你走岔了路，但別忘了，那些走錯路的經驗是成長的一部分。你會跌倒許多次，然後再站起來，因為跌倒再站起來是培養力量的機會，也是整合自己的機會。

但是，不要服從外在加諸在你身上的規則，所有加諸的東西都是錯的，因為規則是由想要主宰你的人所發明出來的！

沒錯，是有了不起的成道者存在地球上過：佛陀、耶穌、克里希那，他們給予這世界的不是規則，而是愛。然後，做弟子的遲早會開始立下規矩，當師父不在的時候，當光消失的時候，弟子深陷在黑暗之中，他們會開始摸索一些可以遵循的規範，因為本來可見的光已經不復存在，現在，他們只能倚賴規範。

耶穌當時所做的是出於心中的輕聲召喚，多數基督教徒卻不是這樣，他們在模仿。一旦你模仿，便污辱了你的人性，污辱了你的神。

永遠不要模仿別人，永遠要忠於原始，不要當一個複製品。你看現在到處所能見到的只有複製品。

如果你是你自己原本的樣子，那生命真是一場歡舞，而且你理當有你本來的面目。你看克里希那和佛陀多麼不同，要是克里希那學佛陀的話，我們早就失去了世上最美的人類之一；而佛陀要是學克里希那的話，祂不過是個可憐的傢伙；想想佛陀吹笛子的樣子，祂可能會害許多人睡不了覺，因祂不是塊吹笛子的料，想想佛陀跳舞的樣子，看上去簡直滑稽透頂。

克里希那也是，要他坐在樹下沒有笛子可吹，頭上沒有戴別有孔雀羽毛的皇冠，沒有華麗的衣服可穿，像乞丐般閉著眼睛坐在樹下，沒有人在他旁邊跳舞，沒有音樂，克里希那看起來說有多貧乏，就有多貧乏。佛陀是佛陀，克里希那是克里希那，而你是你，你並沒有比他們少一塊肉，尊重你自己，看重你內在的聲音，跟隨那個聲音。

不過別忘了，我不是在向你保證從此以後你都不會出錯，那個聲音常會帶你走錯路，因為要找對門，你必須先經歷錯誤的門；事情本來就是這樣，就算無意間給你碰上對的門，你也會認不出來。所以記住，到了最終裁判時，你所有的努力不會被浪費掉一絲一毫，所有的努力都是達到你成長高峰的助因。

所以別再躊躇，不必太擔心做錯事，那向來是個問題：人們被教導千萬不能犯錯，於是變得猶豫不決，怕東怕西，深怕做錯了什麼，到最後停滯不前，唯恐出什麼差錯，所以他們變成一顆石頭，乾脆一動也不動。

能犯多少錯就儘量去犯，唯一要謹記的是：不要重蹈覆轍，你將會成長。迷失是你自由的一部分，甚至與神對立也是你尊嚴的一部分，有時連與神的對立都是美的，那是你開始有膽量的方式，不然，許多人軟趴趴的過一輩子。

忘掉所有人告訴你的東西：「這是好的，那是不對的。」生命並非這般生硬，今天對的明天或許不對，現在錯的或許等一下變成對的。生命不像實驗室，那裡的每一瓶罐子上都標示得很清楚。生命是一個奧祕：這個片刻某個東西合你意那就是對的，到了下一個片刻，無數的水已從恆河流逝，當那個東西不再合你意時，那就是錯的。

我所謂「對的」是什麼意思？任何與存在和諧的就是對的，與存在不和諧就是錯的。每個片刻你都要很小心，因為每個片刻的決定都是新的，你不能靠已經有的答案來告訴你何謂對錯，倚賴那樣的答案不必用到大腦，你已經知道什麼是對和錯，你可以倒背如流，反正你要背的東西也沒有很長。

十誡是多麼簡單！你知道什麼是對，什麼是錯，然而生命不斷在變化，要是摩西回來，我想他不會給你同樣的十誡，他做不到。三千年之後，他怎能給你相同的戒律？他必須創造一些新的東西。

不過我的見解是：任何戒律都會為人們帶來難題，因為等到人們收到戒律的訊息時，那些戒律早已過時了。生命的腳步是如此快速，它是動態的，不是靜止的，就像恆河般不斷奔流，任意連續的兩個片刻都不會一樣，所以在這個片刻對的，下一個片刻不見得對。

所以要怎麼辦呢？唯一的可能是讓一個人有意識，直到他自己能決定要如何回應變動的生命。

從前有兩座寺院，彼此是競爭對手，兩座寺廟的住持——他們只是泛泛的師父，一向互相看對方不順眼，並且告訴各自的弟子絕不可去對方的地盤。

兩位住持都各有一個男僮服侍他們，為他們跑腿做些雜事。第一間寺院的住持告訴他的男僮：「別去跟另一個孩子說話，那幫人是危險分子。」

不過孩子到底是孩子，有一天他們在路上遇到對方，第一間寺院的男僮問另一個男僮：「你要去哪裡啊？」

另一個男僮說：「風帶我去哪裡，我就去哪裡。」

這一定是他從寺院裡聽到的，「風帶我去哪裡，我就去哪裡」是禪宗的名句，講的是純粹的道。

聽到那樣的回答，第一個男僮覺得很窘，他想不到該拿什麼話接下去，他感到挫敗、生氣以及愧疚……「師父告訴過我不要和這些人交談，這算是哪門子的回答？他們的確是危險分子，這下我可被羞辱了一頓。」

他回去告訴住持事情的經過，並且說：「對不起，我跟他說了話，你說的沒錯，那些人很危險，他說的哪裡算回答？我問他，『你要去哪裡？』不過是一句單純的寒暄，我知道他要去市場，正好我也要去市場，但是他卻說『風帶我去哪裡，我就去哪裡』。」

住持說：「我警告過你，誰叫你不聽話，明天你再去同樣的地方，當他來時你問他：『你要去哪裡？』然後他會說：『風帶我去哪裡，我就去哪裡。』你要讓他知道你也不是省油的燈，接著你再問他：『要是你沒有腳呢？你要怎麼辦？』因為靈魂是沒有身體的，風沒有辦法將靈魂帶到哪裡去。」

這個男僮想要做好萬全的準備，整個晚上他都在反覆溫習住持告訴他的話。隔天一大早他去了那裡，站在相同的地點等待，另一個男僮準時出現，他高興得不得了，心想這下他可以展現讓他知道什麼是真正的哲學，於是他問道：「你要去哪裡？」他已經等著要再開口……。

另一個男僮卻說：「我要去市場買蔬菜。」

你想，他所學到的哲學能派上什麼用場？

生命就像那樣，你不能準備好什麼，那正是生命之美的所在。你總是在不經意之間收到驚喜，如果你有看見的話，會發現每個片刻都是一個驚奇，所有既定的答案是無法拿來套用的。

智慧之道

智慧（intelligence）是種活力，是自然發生的，對一切抱持敞開，也是柔軟的；智慧是不偏頗，是不妄下結論的勇氣，為什麼我說這是勇氣呢？因為當你以某個既定的意見在做事時，那樣的想法會保護你，預設的結論使你有安全感，你知道事情的來龍去脈；不帶結論處事意謂你是天真的，沒有任何人能保證你不會出錯。

為了探索真理，你對犯錯要有心理準備，因為你要能夠冒險。你可能走錯路，但那正是你能達到目的地的方式，經過無數次走錯路，你將學習到如何不會再走錯；犯過無數的錯，你將學到錯誤是什麼，並且怎樣不會再犯。了解錯誤本身，會使你愈來愈接近真理，這是個人獨自的探索，你無法依循任何人的結論。

你出世的時候是無念（no-mind）**的狀態**，讓這份了解深植在你的心中，這份了解將為你打開一扇門。若你出世時是無念的，那頭腦只是社會的產物，它是被訓練出來的不自然現象，而你一直被灌輸這個不自然的東西。在你內心深處，你依然是自由的，可以脫離這不自然的東西，但你不可能脫離自然；只要你下定決心，任何時候你都可以拋開這個人為的枷鎖。

存在的境界遠高於思想，所以說存在不是頭腦的狀態，那是一個超越的境界，明白這項基本原理的方式就是：不用思考，只是「存在」（to be, not to think）。科學代表的是思維，哲學代表的是思維，神學代表的也是思維；宗教不是思維，宗教的方式不是思考的方式，它比較是一種親密的方式，你將更趨近真實。宗教的方式幫助你丟掉所有障礙，鬆開所有卡住的部分，你開始邁入生命的洪流，不再認為你與存在是分開的。你不再站在遠遠的地方觀看，像個袖手旁觀的人，你與真實相遇、交合、融為一體。

有一種了解不同，它不能被稱作「知識」；就像愛……而不像知識，它是如此的親密，光是知識不足以表達，愛才足以適切地貼近這樣的了解。

在人類意識的歷史中，第一件演進的東西是巫術。巫術是科學與宗教的結合，頭腦與無念各占有一部分，然後哲學從巫術裡衍生出來，然後科學再從哲學裡衍生出來。巫術既有頭腦也沒有頭腦，哲學則只是頭腦，接著頭腦加上實驗變成科學，宗教性則是沒有頭腦的狀態。

宗教性與科學是朝向真實的兩種方式，科學的方法是迂迴的，宗教性的方法是直接的；科學是間接的，宗教性是立即的；科學不斷繞遠路，宗教性直指真實的核心。

還有幾件事……思維只能夠想已知的東西，只能咀嚼已經被咀嚼過的，你怎能想未知的東西？不管你能想的是什麼，那都是已經知道的，你能想只是因為你知道，思維頂多是讓你有一些不同的組合。例如，你可以想像一匹能在天上飛的馬，牠是用純金做的，但這樣的想法沒啥新意，你知道在天空飛的鳥，你知道黃金，你知道馬，你將這三者湊在一起，最起碼，你的想法可以創造新的組合，但觸及不到未知的領域，未知遠遠超越在你的想法之外，所以，思維總是在繞圈子，它所知道的就是繞著已經的東西打轉，思考的東西無法創新。

原原本本與真實正面交會，而不靠任何媒介，彷彿你是第一個降生的人類，那正是一種解放，那初生的新鮮正是自由的因子。

真理是經驗，不是信仰。真理不是從研究當中獲得，你必須親身去經歷，必須與真理面對面。學習愛人的就好比看著地圖在研究喜馬拉雅山，但地圖本身不是喜拉雅山！要是你信了地圖，你將錯過真正的喜馬拉雅山；要是你對地圖太執著，就算喜拉雅山矗立在眼前，你或許也視而不見。

就像那樣，山就在你的面前，但你眼中只有地圖，各式各樣的地圖；同樣的山，只是不同人做的地圖，某個人從山的北面攀爬，另一個人從東邊攀登，他們做出不同的地圖：可蘭經、聖經、吉塔經（Gita），這些談的都是相同的真理，只是地圖的版本不同。可是你腦子裡裝滿了各種地圖，因承載了太多的重量而寸步難移，你看不到你就站在山的面前，山的雪峰在陽光照耀下散發出金色的光芒，你全都看不到。

帶著投射的眼睛是盲目的，充滿結論的心是死的，太多事先的假設使你的智性失去了敏銳度、專注力與美，於是你變得很鈍。

你們所謂的知識分子，擁有的只是遲鈍的智性，他們算不上有智慧，只有小聰明；那好比是一具屍體，你可以裝飾這具屍體，就算你用珍珠、鑽石、瑪瑙裝飾，但屍體終究是屍體。而當一個「活人」是完全另一回事。

科學代表的是定義，對事實確切的定義。假如你對凡事都要求絕對的定義，你就感覺不到什麼叫神祕。當你愈確定，你愈不能接近神祕，神祕帶著些朦朧的色彩，你不能要求一切都斬釘截鐵。科學講求實事求是，神祕卻與事實無關，它是屬於存在層面的。

一件事實只不過是存在的一小部分。科學只在局部打轉，因為處理局部的東西比較容易，它們比較不那麼浩大，你可以做分析，將之握在手掌心中而不致被淹沒；你可以剖析，為它們取名，可以確定質與量，還有可能性。但神祕就在那樣的過程中被扼殺了，科學是神祕的終結者。

如果你想一探神祕世界的究竟，你必須從另一扇門、另一個次元進去。頭腦的世界是科學的世界，而靜心的世界是奇蹟與奧祕的世界。

靜心讓一切都變得無法定義，它逐漸帶領你進入未知與無法衡量的世界，在那裡，觀察者與被觀察者融成一體。在科學的領域中這事是不可能的，觀察者就是觀察者，被觀察者就是被觀察者，這個分野必須隨時記清楚，你一刻都不能忘記你自己，你一刻都不能融入、愛上你所研究的客體。你要保持不涉入，保持冷淡，於是你的冷漠完全將神祕給抹煞了。

假如你真的想要經驗神祕，就必須在你內在開一扇全新的門。我不是叫你不要當科學家，我的意思是科學可以是你外在的活動，當你在實驗室時，你做你的科學家，但當你走出實驗室時，忘掉關於科學的一切，這時候你去聆聽鳥叫聲，不是以科學的方式聽！看著花朵，但是不是用科學的方式看，因為當你用科學的方式看一朵玫瑰時，是完全另一回事，和詩人所看到的玫瑰是不一樣的。

這樣的經驗並非跟客體有關，端視經驗的人、經驗的品質而定。

看著一朵花，變成這朵花本身，圍著這朵花跳舞或唱首歌。在明快的清風當中，溫暖的太陽照耀著，一朵花正盛開，它在風中舞蹈，快樂地高唱哈利路亞，你要加入它的行列！

丟掉你的冷漠疏離，丟掉所有科學的態度，變得更加流動，讓自己融化，好讓你可以與這朵花變成一體。允許這朵花對你的心說話，讓它進入你的存在深處，就去邀請它，讓它當你的客人！如此一來，你將能體嘗神祕的滋味。

這是進入神祕的第一步，要是你能做到，即使只有一小片刻，你已經懂得達到最終一步的要領，於是你能融入你正在做的每一件事。走路的時候，不要走得像個機械人，不要一直觀看你在走路，成為走路本身。跳舞的時候，不要用任何的技巧，有沒有技巧是不重要的，你可能很會跳，卻錯過了跳舞的樂趣，完全地融入在舞蹈當中，變成舞蹈本身，忘掉跳舞的人。

當這般深深的統合發生在你生活裡許許多多的情境時；當你體驗到周圍的一切開始消失，自我消失，空無發生……這些無與倫比的經驗時；當花在那裡而你不在時；當彩虹在那裡而你不在時……當你內在及外在的雲正飄移著，而你不在，你成為全然的寧靜時；當沒有人在你內在之中，只是一股純粹的寧靜，不受邏輯、思緒、情緒、感覺所干擾時，那是靜心的片刻，頭腦不在了。當頭腦不在，神祕油然而生。

信任之道

信任是最深的智慧。但為什麼人們不信任？因為他們不信任自己的智慧，他們害怕會被騙，正因他們害怕，所以才有懷疑，懷疑是從恐懼衍生出來的。在你的智性中有個部分感到不安全，於是你產生懷疑，你不是那麼確定你能信任，你不認為你可以信任。信任需要很大的智慧和勇氣，需要你整個人的投入，你需要很有心才能走進信任的世界，如果你的智性不具足，你會用懷疑保護自己。

當你的智慧開啟，表示你已準備好進入未知，因為你很清楚若整個已知的世界消失，而你被留在未知裡，你也將能夠在那裡安身立命，你可以在未知裡建立家園，你信任你的智慧。懷疑的人隨時都在備戰狀態中，但聰明人對一切抱持開放，因為他知道：「無論發生什麼事情，我都能夠接受挑戰，做出最恰當的回應。」平庸的頭腦並不能信任自己，而知識是平庸的。

凡智者皆能夠處在「不知道」的狀態，而且能夠不累積任何事情，這就是覺察。發生的片刻消失後，你找不到一點蛛絲馬跡，你會再次回歸純淨，再一次地像孩子般天真。

所以別去試著了解生命，要活在生命裡面！不要嘗試了解愛，進入愛裡面，然後你就會懂了，這樣的了解是來自你的經驗，而且這樣的了解不會破壞神祕，當你知道愈多，你愈意識到自己需要懂的還很多。

生命不是一個問題，當你把它當成問題看待時，你就搞錯方向了，生命是一個奧祕，你要去活過、愛過、經歷過。

事實上，頭腦因為害怕，所以要每一件事都說得通，除非事情經過解釋，不然頭腦不會採取任何行動。在解釋、了解整個情形之後，它會覺得這個空間是熟悉的，於是才帶著地圖、指南手冊與時間表展開行動。頭腦永遠不會進入未知的領域，那個地方用不上地圖或指引。但生命正是如此，沒有任何地圖能派得上用場，因為生命一直在變動，每一個片刻都是嶄新的。只要太陽在的一天，一切將時時如新。

我告訴你：一切都是新的，一切都是無比活躍、無比動態的，唯一不變的是改變，唯有改變是不變的。其他一切正不斷變化著，所以你帶了地圖也沒用，地圖做好的時候就已經過了時，等你拿到地圖已為時太晚，生命早已變換跑道了，已經開始玩新的遊戲。

你無法根據地圖來過生活，因為生命是不可衡量的；除非事情是固定不變的，不然你不能請示指南手冊來告訴你該如何過日子。生命不是定格不動的，它是一股經常性的活力，是一個過程，你找不到任何一張關於生命的地圖。你無法去丈量，因為生命是一個不可衡量的奧祕，所以不要尋求任何關於生命的詮釋。

我稱這個為成熟的頭腦：當一個人來到這個點上時，他不用任何問題來看待生命，只是帶著勇氣投入生命當中，沒有一絲恐懼。

這個世界充斥著許多不誠實的人，教堂、廟宇、清真寺，到處都是信仰宗教的人，你難道看不出來這個世界一點都不宗教嗎？這麼多在宗教裡面的人，而這世界卻一點都沒有宗教的味道，這還真是個奇蹟！每個人都信仰宗教，卻一點宗教的品質都沒有，這樣的宗教是虛假的。人們的信任是被訓練出來的，被訓練的信任會變成信仰，而不是一種體驗。他們被教導去相信，而不是要去了解，人類就是這樣錯過了重點。

永遠不要相信，如果你不能信任，寧可你去質疑，因為經由質疑，有一天或許信任的機會可以出現。

你無法永遠懷疑下去，懷疑是一種病，當你在懷疑之中時，你不可能感到滿足，你處於一種搖擺狀態，覺得苦悶難當。在那樣的四分五裂中，你什麼都無法判定，有的只是一場又一場的夢魘。於是或許某一天，你開始找尋超脫的方法，所以我說，與其當個有名無實的有神論者，倒不如當個不折不扣的無神論者。

你被教導要去相信。從你很小的時候開始，所有人的頭腦都被制約成要去相信：相信神，相信靈魂，相信這或那。現在這樣的相信已經變成你的一部分，在你的血液裡流竄，可是那仍只是一個相信，你尚未領悟，除非你領悟，要不然你無法自由。

領悟帶來解放，也唯有領悟能解放你，所有的信仰都是借來的，是別人給了你，那些東西不是來自你個人的綻放。更何況，借來的東西怎麼能引領你朝向真實及那絕對的真理？

丟掉所有從他人那裡收到的東西，與其富有，倒不如當一個乞丐。那不是靠你自己掙來的富有，而是靠剽竊、借貸，靠傳統與繼承而來的富有，與其這樣，倒不如當一個乞丐；但你做你自己，在那樣的貧窮當中將夾帶富有，因為那是真的，而你那一堆信仰才是貧瘠的，那些信仰永遠不會有深度，它們頂多只有一層皮那麼薄，只要輕輕摳一下，你就會看到懷疑。

本來你相信神的存在，有一天，當你經營的生意突然垮掉的時候，你的懷疑就出現了，你會說：「我不相信，我無法相信神。」原本你是相信神的，當你所鍾愛的人去世時，你於是開始懷疑。你對神的信仰只是因為你所鍾愛的人死去就沒了？看來這個信仰沒有什麼價值。

信任永遠不可能被摧毀，當信任在的時候，沒有任何事情可以摧毀它，沒有任何事情，絕對沒有任何事情能摧毀它。

所以要記清楚，信任與信仰的差異非常大。信任來自個人，信仰來自社會；信任要從內在滋長，信仰則常態性地圍繞著你。無論你是哪一種人，別人都可以將信仰強加於你，且將信仰丟掉——是會有恐懼，因為當你放下信仰的時候，懷疑便升起。你的每一則信仰都在強迫懷疑躲到角落裡，壓抑懷疑的出現。別擔心，就讓懷疑出來，每個人在見到黎明之前，都要經歷一段黑夜，每個人都要通過懷疑的考驗。旅程是漫長的，夜晚是黑暗的，然而，當漫長的旅程與黑暗的夜晚結束後，你將知道那些都值回票價。

你無法「培養」信任，絕不要去培養它，人類過去老是在犯這種錯。被培養出來的信任會變成信仰，從你的內在去發掘信任，不要訓練自已去信任，進入內在更深入一點的地方，前往你本質的根源所在，在那裡找到它。

探究生命需要你的信任，因為你將會進入未知。由於你即將遠離傳統，遠離眾人，你需要深具信任及勇氣，你即將前往一望無際的汪洋大海，卻無從知道彼岸是否存在。

我不能叫你踏上這樣的探索，卻沒讓你準備好信任的能力，那樣看起來會很矛盾，可是我能怎麼辦？生命正是如此，唯有真的能夠信任的人，才具備深入懷疑與質詢的能力。

一個人能信任幾分，他的懷疑就有幾分；完全沒有信任的人，只能假裝懷疑一下，而無法深入地質疑，一切都取決於信任的程度多寡，這是種冒險。我必須為你準備好，使你能單獨踏上這趟不同凡響的旅途，而我能做的，是將你帶到船邊。首先你必須了解信任的美，了解心的道路所帶來的狂喜，好讓你走進實際的一片汪洋大海時，有足夠的勇氣一路走下去，無論發生了什麼，你都對自己有充足的信任。

只要看一件事：倘若你不信任自己的話，你如何能信任任何人或任何事？那是不可能的。倘若你懷疑自己，你怎麼能信任？你是那個信任的人，而你不信任自己，那你要從何去信任你的信任？在你的智力轉成智慧之前，絕對必要的一件事是你的心要打開，這是智力與智慧的差別所在。

智慧是當你的智力與心協同一致時的展現。

你的心知道如何信任；你的智力知道如何搜索與追尋。

有兩個乞丐住在某個村莊的外面，其中一個眼睛瞎了，而另一個沒有了腿。有一天，村莊鄰近的森林——也就是這兩個乞丐住的地方——著了火。他們平常是競爭對手，同樣是乞丐，而且乞討的對象也是同一群人，所以他們從來不打照面，從來都不是朋友。

有道是同行相忌，做同種工作的人基於競爭的理由很難當得成朋友，因為難免會互相搶客戶。乞丐們會區分他們的施主：「記住這是我的人，你別想去動他的歪腦筋。」你不知道你隸屬於哪一個乞丐，你成了哪一個乞丐的名下財產，反正街上的某一個乞丐已經占有了你，他可能已經在一場爭奪戰中贏得勝利，現在你成了他的所有物……

以前有一名乞丐常在我的大學附近出沒，有時我會在市場裡看到他。年輕學子都比較慷慨，上了年紀的人會變得小氣巴拉，膽小如鼠，因為死亡漸漸靠近，好像只剩金錢能幫上點忙，若是他們身上有錢，別人或許會幫他們；要是他們沒有錢的話，就連親生的兒子、女兒都不會甩他們。但年輕人就不同了，他們揮霍得起金錢，反正還年輕，他們可以去賺錢，前方還有漫長的一輩子等著。

這個人稱得上是個有錢的乞丐。在印度，只有有錢人家的孩子能讀到大學，少數窮小孩也能上大學，但那是個痛苦、艱巨的的掙扎。我也是出身貧窮的家庭，我整夜在一家報社當編輯，白天則在大學裡上課，有好幾年的時間，我一天睡不到三四個小時，都是在工作與上課之間找時間睡覺的。

所以這個乞丐算是挺強的，其他乞丐都進不了那條往學校的路，甚至入口都被封鎖得死死的。每個人都心知肚明這所學校是隸屬誰的勢力範圍，沒錯，正是那名乞丐！有一天我見到一名新的乞丐在那裡，而不見老傢伙的人影，我問道：「怎麼回事了？老傢伙人呢？」

他說：「他是我的丈人，他已經將這所大學送我當禮物。」這時候還沒有人知道學校的所有人已經換人了，這名年輕人說：「我娶了他的女兒做老婆。」

根據印度人的傳統，當你娶了某人的女兒，你會獲得一筆嫁妝。你不只娶到了女兒，你的丈人如果有錢的話，他得送你一部車或一棟房子，要是他沒有什麼錢的話，至少他要送你一部摩托車，再不然至少一輛腳踏車，反正他就是要給你一些什麼：一臺收音機、一臺電視，或一些現金。假如他真的很有錢，那他會出錢讓你有機會出國進修，讓你拿個醫生或工程師的學位。

乞丐的女兒剛嫁給這個年輕人，她的嫁妝是整座大學，他說：「從今天開始，這整條街道和整座學校都歸我，我丈人已經告訴我誰是我的客人。」

當我在市場裡見到老乞丐時，我對他說：「太好了，你送嫁妝這件事做得很好。」

「沒錯，」他說到，「我就這麼一個女兒，我想為我的女婿做點事情，我給他最佳的地點乞討。現在我試著重新另闢地盤，這是件挺困難的事情，因為已經有許多老經驗的乞丐在這裡很久了，不過倒也沒什麼好擔心的，這難不倒我，我會把一些乞丐趕出這一帶。」當然他也辦到了。

話說回來，當森林裡著火時，這兩個乞丐想了一下，他們素來是敵人，甚至連一句話都不曾說過，但眼前是個緊急情況。瞎眼的對沒腿的說：「為今之計只有一條路，你坐在我肩上，你用我的腿而我用你的眼睛，這是我們唯一可以解救自己的方法。」

他們很快就達成共識。沒有腿的人逃不走，到處是一片火海，他根本無法穿越森林，或許可以稍微移動到別處，但這沒多大用處，當下需要的是快速的脫逃。瞎眼的也當然逃不掉，他不知道著火的地方在哪裡，哪裡有路可走？哪裡的樹正燒著？哪裡還沒有燒掉……一個眼睛看不到的人可能迷路。然而他們兩個都是聰明人，他們放下敵對的姿態，變成朋友而救了彼此一命。

這一則東方的寓言故事，要傳達的重點是你的智力和心的關係。它無關乎乞丐不乞丐，而是關於你；它和起火的森林無關，而是關於你，因為深陷火海的人是你，時時刻刻你都在燃燒著，你受苦，不開心，鬱悶難當。光是有腦筋，你依舊是盲目的，就像是你有腿可以跑得很快，但因為你看不到路，不知道該選擇哪一條路走，最後注定會跌跌撞撞，然後覺得生命沒有什麼意義，所以全世界的知識分子都說：「生命是毫無意義的。」

對他們來說，生命看起來無意義的理由，在於想以盲目的智力看見光，這是不可能的。你內在有著心，可以去看，去感覺，但它卻沒有腳，不能跑。它一直待在那裡跳動著、等待著……有朝一日智力將會領悟過來，將能夠使用心來當眼睛。

當我提到信任時，我指的是「心」是你的眼睛。

當我提到懷疑時，我指的是「智力」是你的腿。

當兩者結合，要走出火海完全不是問題。可是記得一件事，智力必須接受心在它的肩膀上，它必須如此，心沒有腿只有眼睛，智力得聽心的話，並跟隨它的方向。

在心的接管之下，智力變成智慧，這是一種蛻變，一種全然的能量轉換。如此一來，這個人就不會是個知識分子，他儼然是位智者。

在心與智力的結合之下，智慧於焉開啟。一旦你學會創造心與智力互相搭配的藝術，你便掌握到祕訣，那個祕訣是一把打開所有奧祕的萬能鑰匙。

天真之道

真正的問題不在於勇氣，真正的問題在於：已知是死的，未知是活的，抓住已知就如同抓住一具死屍，要放掉並不需要勇氣，去抓住一具死屍不放才需要勇氣。你只要去看清楚……你所熟悉的一切，你所過的生活，那些給了你什麼？你又成就了些什麼？還不是兩手空空？難道你不覺得很不滿，很挫敗？難道你不覺得一切都沒有意義嗎？你活在謊言當中，無視於真理的存在，你忙得不可開交，卻不知道在忙些什麼。

問題在於此：看清所有你知道的一切都是過去式，已經不復存在了，那些是屬於墳墓裡的東西，你喜歡暮氣沉沉的？還是喜歡活蹦亂跳的？這不僅是今天你會面臨的問題，明天和後天你一樣要面臨同樣的問題，直到嚥下最後一口氣之前，你都逃不開這個問題。

每當你知道或是蒐集到資訊、知識或經驗，在你體會過後就當了結，因為對現在的你來說，如果你攜帶著那些空洞的話語，那些死氣沉沉的負荷，使你變得沉重，於是你失去活力與歡笑——那原本是你隨時唾手可得的，你等於是在毀滅你的生命。

一個智者會隨逝去的每個片刻死去，又隨每一個未來的片刻新生，他的「在」總是在蛻變、重生、復活中。這根本無關乎勇氣，這是你有沒有看清的問題，看清楚什麼是什麼。

其次，當事情真的關係到勇氣時，也沒有人能給你勇氣，那不是別人能當成禮物送給你的東西，那是你天生就有的，只不過你尚未允許它滋長，還沒讓它堅持自己的主張。

天真同時是勇氣與洞察兩者，若你是天真的，你就不需要有勇氣，也不需要有任何洞察，因為再也沒有什麼能比上天真來得清清楚楚，如水晶般清澈透明，所以重點是要如何保護一個人的天真。

天真不是你要去成就，也不是你要去學會的，它不是一項才幹，不像繪畫、音樂、詩賦、雕塑這些事情，而比較像是呼吸，是你出生時就帶著的。

天真是你的天性，每個人都有的天性。

人的出生是純淨無瑕的，出生即代表你像張白紙一樣來到人世間，乾乾淨淨，只有未來，沒有過去，那便是天真的意義，所以，先去了解天真所有的含義。

第一：天真沒有過去，只有未來。

過去使人腐化，因為你有記憶、經驗與期望，這一切加起來或許使你變得精明，但卻不會讓你清明，你會變得狡詐，而不是聰敏。你或許因此而在世上獲得成功，但在你最深處的存在中，你是失敗者；與你最後將要面臨的失敗比較起來，一切的成功都失去意義，因為最終與你在一起的是內在的自己，其他一切都會消逝：你的榮耀、權勢、聲名，就像影子消失一樣，全部開始消失。

到最後唯一剩下的，正是你最初帶在身上的，你只能拿走當初你所帶進這世界的東西。

在印度，大家都知道世界就像火車站裡的候車室，並不是你的家，這是人人都知曉的智慧。你不會永遠都待在候車室裡，在那裡沒有一樣東西是屬於你的：那裡的設備、牆上的畫……你使用這些設備，看到掛在牆上的畫，坐在椅子上休息，但那都不是你的，你不過是在這裡逗留了一下子，頂多幾個小時而已，然後你就走人了。

沒錯，你隨身帶進候車室的東西，那是你的，你可以帶走。而你所帶進這世界裡的是什麼？這世界正是不折不扣的候車室，你要等候的時間或許不是以分秒計，或許不是幾小時、幾天而已，可是，第七小時或七十年又有什麼差別？

你或許忘了，在七十年之間，你不過只是待在候車室裡，你可能開始以為這或許是屬於你的地方，說不定這是你所蓋的房子，你也許會在這候車室掛上你的名牌。

我旅行的時間很長，在旅途中我見過一個現象：人們在候車室裡的椅子上或洗手間裡寫上他們的名字，這樣的舉動看上去很愚蠢，不過這和人們在這世上所做的事大同小異。

者那教有則深具意涵的典故：印度人相信，如果某個人能成為全世界的國王，他會被稱為「世界之王」（chakravartin），chakra 的意思是「輪子」。在古早的印度，這是種避免無謂爭戰與暴力的方式：一輛價值匪淺的金色戰車，配上俊美健壯的馬匹，穿梭在各王國間。假如某個王國讓戰車通過而不加阻擾，表示該王國將戰車的主人奉為強者，於是根本沒必要打仗。

戰車就以這樣的方式遊走各處，要是遇到有人擋住去路，就會掀起戰事；而要是戰車到哪裡都沒有被攔阻，這戰車主人的王者地位，就會在沒有流血的情況下被確立：他成了世界之王，因為他的戰車暢行無阻。當一名世界之王一直是每一位王國的夢想。

無庸置疑的，這需要比亞歷山大更多的勇氣，想想派遣你的戰車到處去……這麼做需要無比的力量在背後支撐，因為若是戰車被攔下來，一場大屠殺是免不了的。這表示這個人的地位已經被公認，要是他想征服任何一個人，任誰都阻止不了他。

這是一種象徵性的方法，也可以說是比較文明的方法。沒有必要採取攻擊，不需發動屠殺，只要發派一個訊號表示一下即可。插著該國王旗幟的戰車行遍各處，假如他國的國王覺得沒有必要抵抗，也就不必經歷戰敗與血腥暴力。當戰車進入首都時，將會有鮮花灑在戰車上以示歡迎。

這似乎比蘇聯與美國做的事文明得太多，只要派遣一輛美麗的戰車就好。不過，這表示你對你的力量有著絕對的肯定，不僅是你，別人對你也是如此。唯有如此，象徵的方式才能發揮作用，所以說，每位國王都渴望有朝一日能成為世界之王。

故事講到有個人成了世界之王，這是好幾千年才會發生一次的事，就連亞歷山大都沒能征服全世界，他在三十三歲時就英年早逝：甚至沒有足夠的時間征服全世界。而講到征服，當時還有地方是不為人所知的！有一半的世界還未被發現，已知的那一半都沒完全被征服，而這個我即將要講到的人，他成了世界之王。

據說當那位世界之王過世時，由於幾千年才出一位世界之王，是十分稀罕的人物，所以當他過世時，天堂會為他舉行熱烈的歡迎儀式，而且他會被接往一個特別的地方。

在耆那教神話裡的天堂裡有一座與喜馬拉雅山平行的山，喜馬拉雅山群本身只是一堆遍布冰雪的岩石，這座與它平行的山叫做蘇馬魯（Sumeru），蘇馬魯的意思是「終極之山」：

沒有其他的山能與之媲美，它是純金造成的山，而不是岩石，你可以看到許多鑽石、紅寶石、瑪瑙閃耀於其間。

當一位世界之王過世時，他會被帶到蘇馬魯，將他的名字刻在這座山上，那樣的機會算是微乎其微，幾千年才發生一次。當然這個人很興奮自己即將要在這座山刻上他的名字，那是屬於過去所有偉人的行列，也將是未來所有偉人會歸屬的行列，這位國王即將成為超人家族的一分子。

山的守門人給了國王一把工具讓他刻名字，他想把幾位因他過世而自殺的貼身人員帶來身邊，這些人沒法想像國王不在而自己苟活：他老婆、他的首相、指揮官，所有他身邊優秀的人都隨他的過世而自殺，只為與他同進退。

這位國王要守門人讓他們都來看他刻名字，因為一個人單獨做這件事而沒有人在場見證，哪有什麼樂趣可言？全世界的人都該看到，因為真正的快樂就在這裡。

守門人說：「你聽我的建議，因為這個工作是我父親傳給我的，他以前是這裡的守門人，他的父親也是這裡的守門人，我們家世代以來都是做看守這座蘇馬魯山的工作，聽我的話：先別找他們來，不然你會後悔。」

國王雖不明白為什麼要這樣，卻也不能當作沒聽到這番告誡，因為這個人沒事為什麼存心找碴？

守門人又開口了：「如果你仍要他們來看，先去刻好你的名字，然後再回來帶他們。你要現在就找他們來我也不反對，只是若你這麼做的話，等一下你會後悔莫及……他們不會跑掉的，你自己先去吧。」

這話完全合情合理，國王說：「聽來不錯，我會自己先去，刻完我的名字，再回來把你們全都叫來。」

守門人說：「這個做法我非常贊成。」

所以國王去了，他看見蘇馬魯山在無數顆太陽照射下閃爍著光芒，在天堂可不像凡間只有一顆太陽，上千顆太陽，與一座遠比喜馬拉雅山要雄偉的金山，別忘了喜馬拉雅山幾乎有兩千哩長！有好一會兒他的眼睛沒辦法睜開，那光線實在太刺眼了。他開始找一個合宜的空間好刻上名字，可是他感到很不解：根本沒有空間，整座山已經刻滿了名字。

他不敢相信眼睛所看到的，生平頭一次他意識到自己的過去，直到前一刻他還自認是千年難得一見的英雄，不過，時間自亙古以來已過無數，幾千年與須臾之間並沒有什麼差別，在他之前早已出了許許多多的世界之王，在這座全天下最雄偉的山上，居然找不到一處空位可以寫上他小小的名字。

他帶著一絲悵然走回去，現在他明白守門人的話是對的，還好他老婆、他的指揮官、首相以及其他親近的友人沒有看到這一幕，他們依然相信他們的國王是舉世無雙的人物。

他將守門人拉到一旁說：「根本沒有空位嘛！」

守門人說：「我之前要說的就是這個。現在你要做的是擦掉幾個名字，再寫上你的名字。從以前到現在大家都是這麼做的，我這輩子所見的就是這樣，以前我爸也是這樣說，我爺爺……我的祖先中沒有人曾見過蘇馬魯山有任何空位過，從來沒有這種事。」

「每次，當一位世界之王來到這裡，他不得不擦掉幾個名字，好寫上自己的名字，所以你所看到的不是世界之王全部的歷史。上面的名字已經被擦掉許多次，然後又被刻上其他的名字，你只要依樣畫葫蘆，然後如果你要展示給你的親朋好友看，你再帶他們來。」

國王說：「不，我不要讓他們看了，我甚至不打算寫上我的名字，這樣做有什麼意義？反正總有一天會有人擦掉我的名字。」

「我的一生已經變得毫無意義，蘇馬魯山曾是我唯一的希求：天堂裡的金山即將有我的銘印，我為了這個願望而活，將我的性命投下當賭注，就算要殺光全世界的人也在所不惜。而現在，隨便一個人都可以為了寫上他的名字而抹掉我的名字，寫不寫又有何不同？我決定放棄。」

守門人笑了。

國王問道：「你在笑什麼啊？」

守門人說：「我在笑這事很奇怪，因為我爺爺、我父親也都說過，許多世界之王來了，在了解事情的始末之後，他們頭也不回地就離開，名字連刻都沒刻，你不是第一個例子：任誰都會這麼做，如果他是聰明人的話。」

在這世間你能獲得些什麼？你又能帶走些什麼？你的名氣、你的聲望？或是你的財富、你的權勢？到底是什麼？你的學識嗎？你什麼也帶不走，所有的一切你都得在此放掉，在放掉的當下你將領悟到：過去你所占有的那些都不屬於你，「占有」本身的想法就是錯誤的，「占有」使得人心腐化。

為了占有更多：更多錢，更有權力，征服更多領土，你在做些連你自己都不敢大聲說出口的事，因為你必須說謊，你無時無刻不戴著面具。你得虛情假意，因為這麼做有助於你在這世上獲得成功，什麼以誠待人、做事要腳踏實地，這些都是沒有用的。

若是沒了你所擁有的東西、你的功成名就，請問你是誰？

你大概也答不出個所以然。你是你的聲名、你的權勢，但除卻這些不說，你是誰？

所以說你所持有的這一切變成了你的身分，它們使你對你自己有錯誤的認知，而那正是「自我」。

「自我」不是什麼神祕的東西，它是個非常單純的現象。活著卻不知道自己是誰，這是不可能的事，假如我不知道我是誰，那我在這裡幹什麼？這麼一來不管我做任何事都失去意義，最首要的事就是知道我是誰，然後說不定我能做些什麼來發揮我的本性，使我覺得心滿意足，找到我自己的家。

但是，要是我不知道我自己是誰，而我忙著做這做那，請問我要如何達成我的本性要我成就的？我從早忙碌到晚，卻永遠沒有機會說一聲：「現在我終於到了，這就是我一直在找尋的地方。」

你不知道你是誰，於是需要一些假的身分作為替代，你所擁有的那些東西提供了那個假身分。

當你剛進入這個世界的時候，你是一個純真的觀照者，大家都是帶著同樣的意識進入這世界，這是每個人都有的品質，但往後你會開始與成人世界展開一場談判。他們有很多東西可以給，而你只有一樣東西可以給，那就是你的完整、你的自我尊重。你有的並不多，只有一項，你愛怎麼稱呼都行：赤子之心、聰敏、真誠，你有的僅僅是這一件。

小孩子對他身邊所見的一切天生就感興趣，看到什麼東西都要，那是人性中的一部分。你去看小嬰兒，連一個剛出世的嬰兒，你都可以看到他的手開始在摸索些什麼，你的小手正試著找些什麼，他已經展開了他的旅程。

在旅程中他將失去自己，因為在這世上，你不可能不為自己得到的付出代價。可憐的孩子，他不懂他所付出的是萬分珍貴的東西，就算與全世界相比較，他的完整依舊遠遠來得有價值。小孩子沒辦法知道這正是問題所在，因為他所擁有的完整是與生俱來的，於是他視之為理所當然。

讓我告訴你一則故事，你就會懂得我所說的。

有一個非常富有的人，在他有錢之後卻覺得很挫敗。這不足為奇，成功通常會帶來這樣的結果，再也沒有比成功更失敗的事了。成功之所以會顯得有意義，只因你是失敗者，當你登上成功的寶座時，就會發現你被這世界、被人們、被社會給耍了。這個有錢人享盡榮華富貴，內心卻一刻都不得安寧，於是他開始尋找心的平靜。

美國也正發生這樣的事，全世界就屬美國人最熱中於追尋心的平靜，像我在印度就沒遇過這種人，大家忙著照顧肚子的平靜都來不及，心的平靜顯得太遙遠了，從肚子到心的距離稱得上有千哩之遙。

可是在美國，每個人都在追求心的平靜。當然，如果有人在尋找，就自會有人出來提供，這是經濟學上簡單的法則：有需求，就會有供給。你所想要的是否為你所需要的並不打緊，反正也沒有人真的在意要提供的是什麼：管他是誇大不實的廣告，還是真正實質的東西。

是的，有需求就會有供給，然而狡猾多計的商人腳步更快，他們說：「不必等需求出現，你可以創造需求。」廣告表現的藝術盡在於此：創造需求。

在你接收到廣告訊息之前，你並沒有這項需求，以前你從來不覺得這是你需要的，然而讀了廣告之後，忽然你覺得：「天哪，我錯過的還真不少，我怎麼這麼傻？以前都不知道有這種東西的存在。」

商人在開始生產、製造某項產品的前幾年，甚至是三、四年前，東西還沒上市就開始打廣告。這是為了要在人們頭腦裡植入需求的訊息，等到需求出現，屆時供給也準備好了。

劇作家蕭伯納（Bernard Shaw）曾說過，當年他還是剛出版第一本書的新人時，當然可以想見沒有人想買他的書，那時他還名不見經傳，沒人聽說過喬治．蕭伯納——你怎會想要去問：「我要買蕭伯納的劇本？」所以以前他本身就是出版商，他籌錢為自己出書，然後跑去一家又一家的書店問：「你們有沒有喬治．蕭伯納的書？」

書店的人說：「喬治．蕭伯納？沒聽過這個人。」

他說：「這就怪了，這麼棒的人，你都沒聽說過他的名字，而你還是這家書店的老闆？你是不是有點落伍啦？你該做的是先趕快進他的書。」那時他只出了一本書，可是已開始為接下來的幾本書打廣告。因為當你到處跑的時候，怎麼可能只幫一本書做宣傳？況且，一個人不可能只出了一本書就成為大作家。

他會打扮成不同模樣去書店，有時戴頂帽子，有時戴副眼鏡，於是開始有人打電話給蕭伯納。當時他就是一個人校長兼打鐘，又為自己打廣告，又當供應商，那就是他賣第一本書的方式。他會站在街頭問路上的行人：「嘿，你有沒有聽過……因為我不斷聽到有關喬治．蕭伯納寫的某一本書，人們說那本書簡直是太棒了，你聽過嗎？」

他們會說：「沒耶，我們從沒聽過這個人。」

他說：「怪了，我還以為倫敦這地方的人很有文化素養。」像這樣，他去了圖書館、俱樂部以及任何可能讓他創造需求的地方，成功地創造出需求，他賣掉了他的書。最後，由於他從來沒有停止過創造需求，終究成了本世紀最偉大的作家之一，成功地創造出需求。

話說回來，要是你真的成功了，則不必創造任何需求，對平靜的需求自然在那裡，因為當你成功時，你會在贏取成功的過程中失去心中的平靜，那是自然的演變。成功會帶走所有你內在的安寧，吸取生命中一切深具意義的東西，什麼也不留下：定、靜、喜、愛，它不斷從你身上奪走一切，到最後，你雙手裝滿垃圾，而所有珍貴的東西都失去了，於是驀然回首，你意識到你所需要的是內心的平靜。

馬上就會有人來提供滿足這項需求的服務，而這些人對心、對平靜卻所知不多。我曾讀過一本書，書名是《頭腦的平靜》（Peace of Mind），作者是猶太教法學博士約書亞．力柏曼（Joshua Liebman），這個人既不懂平靜，也不懂頭腦，但他是個生意人，在不了解自己所寫的是什麼的情形下，他也能讓書大賣。

他是全世界數一數二的暢銷作家之一，因為，只要是想求得一點內在安寧的人，早晚會發現約書亞．力柏曼的書。他的書寫得很好，文字的表達清晰動人，稱得上是位優秀的作家，你讀了很難不受影響。只可惜，頭腦的平靜依舊是那般遙遠，說不定因為你讀了這本書，反而離你更遙遠。

其實，若是一個人懂得平靜，懂得頭腦，他不會寫出一本題名為《頭腦的平靜》的書，因為頭腦是一切惶惑不安的源頭，而平靜卻是出於無念（No mind）。

所以說「頭腦的平靜」這種東西不存在。當頭腦在的時候，你就想有平靜；當平靜發生的時候，代表你的頭腦不在。但是，寫一本叫《頭腦的平靜》的書，我想沒有人會去買。我一直在想著……不會有人去買《頭腦的平靜》，因為光聽書名就知道那是在胡謅。

小孩並沒能意識到他身上帶著些什麼，之前提到的這個有錢人也是一樣，他家財萬貫，如今旨在尋找平靜，他去找過一個又一個的智者，他們都給他很好的建議，但對他就是一點用都沒有。

說真的，只有傻瓜才會給別人建議，也只有傻瓜才會接受別人的建議。聰明的人不會給別人建議，因為他清楚得很，世上唯一可以隨意給的就是建議，而從沒有人會聽進去的也是建議，所以說，他幹嘛沒事找事？

一個真正的智者，會先要你準備好，然後才會給你建議；他不會直接就告訴你，你需要準備好。也許你要花上幾年的時間做鬆土施肥的動作，然後才能灑下種子。若是不管三七二十一的把種子灑在石頭上，卻不知道這是在浪費種子，這種人是傻瓜。

有錢人所遇到的每一個智者都給了他建議，但沒有一個幫上忙。最後，有一個他沒有去問的人，這個人是個無名小卒，而且還被村人認為是白痴。某一天他在路上將這有錢人攔下來，對他說：「你這是在白白浪費你的時間，那些人沒有一個是真正的智者，我對他們清楚得很，只不過別人都以為我笨，所以沒有人相信我，說不定你也不會相信我，但是我認識一位智者。」

「我只是看你為了找尋平靜而吃盡苦頭，我想直接告訴你去找誰比較快。通常大家當我是白痴，不會有人來問我任何事，而我也從來不給任何人任何建議。但我實在看不過去了，看你那麼傷心，那麼不快樂，我決定打破沉默。你去隔壁村找這個人。」

這個有錢人二話不說，馬上帶著一大袋貴重的鑽石，騎上他的愛馬去了。他到了，也見了這個人，蘇菲行者都知道他叫穆拉．那斯魯丁（Mulla Masruddin）。

他向穆拉問道：「你能幫我讓頭腦靜下來嗎？」

穆拉回答：「幫？我能直接給你。」

有錢人心想：「真奇怪，先是一個被認為是白痴的人給我建議……純粹是由於絕望，我想橫豎也不會有什麼損失，所以我出現在這裡。眼前這個人似乎是個程度更嚴重的白痴，他居然說：『我能直接給你。』」

有錢人說：「你能給我？我找過各式各樣的智者，他們無一不給我意見：做這，做那，生活要有紀律，捐獻，幫助窮人，蓋醫院……有的沒有的一堆。他們說了，而我也做了，卻沒有半點幫助，事實上，還惹來愈來愈多的麻煩，而你說你能給我？」

穆拉說：「這很輕而易舉，你先下馬來。」於是有錢人下了馬，手上還拿著他的袋子。

穆拉問他：「你緊抓在胸前不放的是什麼東西？」

他答：「這些是很珍貴的鑽石，要是你能給我平靜，我就給你這個袋子。」但就在他還沒搞清楚到底發生了什麼事之前，穆拉一把抓住那個袋子，逃之夭夭。有錢人嚇了一跳，甚至不知道該怎麼辦，後來他不得不也追著跑。但那是穆拉的地盤，那裡的每一條巷子、每一條捷徑他都瞭若指掌，而且他跑得很快。有錢人這輩子從沒跑過，又滿胖的……他一邊哭，一邊氣呼呼地說：「我完全被騙了！這個人搶走了我畢生工作的心血，我所賺的錢，他全都拿光了。」

一堆人湊過去看熱鬧，都在笑他的樣子。他說：「你們也全都是白痴嗎？這個鎮上就只住白痴嗎？我已經徹底被毀了，你們不去幫忙抓賊也就罷了，還站在那邊笑。」

他們說：「那人不是賊，他是位老經驗的智者。」

有錢人說：「都是我村裡的那個白痴，才使我捲進這場麻煩！」雖然跑得氣喘吁吁，又滿身大汗，他還是跟著穆拉跑。穆拉跑回原地——原先馬站著的那一棵樹下。他帶著那個袋子，在樹下坐了下來，有錢人邊哭邊跟了上來。穆拉說：「這袋子你拿去。」有錢人接過了袋子，將它貼著自己的心口。穆拉說：「感覺怎樣？你能感受到一些些的平靜嗎？」

有錢人說：「是很平靜沒錯，你真是個怪人，用的方法也很奇特。」

穆拉說：「這不是什麼奇特的方法，不過是簡單的數學。對於既有的一切，你總不免視之為理所當然，你只欠缺一個失去它的機會，那樣你馬上就能意識到你所失去的是什麼；你所得到的不是新的東西，你拿著的正是同一只袋子，只不過當初你的頭腦靜不下來。現在你拿著相同的袋子靠在你胸口上，任誰都可以從你臉上看出你的平靜，你變成一位不折不扣的智者！你可以回家了，不必管別人說什麼。」

這就是小孩子的問題所在，他帶著天真無邪出世，而他隨時可以用他的天真無邪去交換任何東西，隨便什麼垃圾他都買，為此他丟掉的是他的勇氣，而他能買的只是玩具，這世界除了玩具還有什麼？但是他失去的是他的清晰洞察力。唯有當他身邊所擁有的玩具完全無法為他帶來一絲喜悅、一絲成就感時，他才明白，也才會意識到他失去的是什麼，他已經失去自己了。

在一個較理想的世界中，每個家庭都會從小孩身上學習到一些東西。人們總是忙著教導孩子，似乎沒有人從孩子那裡學到什麼，但其實他們卻有許多可以教你的，反倒是你沒有什麼可以教他們。

只不過由於你年紀比較大、比較有力量，你就開始把孩子塑造成跟你如出一轍，連想都沒有想過你自己是什麼樣的人，你成就過什麼？你的內在世界是什麼狀況？假如你自己很貧乏，難道你要你的孩子也是這樣？

然而，沒有人思考過這件事，不然，人們就會從小孩身上學習。孩子們從另一個世界帶來好多好多的禮物，因為他們對這個世界而言算是初來乍到，他們仍帶著子宮裡的寧靜，那正是存在的寧靜。

永遠記住一件事，在未知中保持信任。已知就是頭腦，未知不可能是頭腦，它可以是別的，但絕不可能是頭腦。關於頭腦，可以確定的一件事就是，頭腦是累積成的已知。舉個例子來說，假如你在路上遇到一個岔路，頭腦說：「走這邊，這邊是熟悉的方向。」那就是頭腦。假如你聽從你的存在（being），就會想走陌生、未知的方向，你的存在一直是個冒險家。頭腦則喜歡一再因襲傳統，專挑既定的軌道或已經有人踏過的路徑行走，換句話說就是最沒有阻力的道路。

所以，永遠要聆聽來自未知的聲音，並且鼓起勇氣投入未知，採取行動。

朝你命運所指的方向去成長，這需要無上的勇氣，你必須無畏無懼。深懷恐懼的人無法超越已知，已知讓人感到舒適與安全，因為一切都是熟悉的，你充分地掌握狀況，很清楚該怎麼做，就算一邊睡覺你都知道如何應對，根本不用保持清醒，那就是關於已知便利的地方。

當你跨出已知的範圍時，你會感到恐懼，因為，現在你什麼都不知道，你不曉得什麼該做，什麼不該做。此時的你對自己不敢那麼確定，你有可能犯錯，有可能走錯方向，那就是讓人們緊抓住已知不放的恐懼在作祟。當一個人老是在已知的圈圈中打轉時，他就不再有活力。

冒險是唯一活出生命的方式，除此之外沒別的方式；唯有透過冒險，生命才能臻至圓熟，朝向成長邁進。你需要當一名冒險家，隨時準備好為了未知去冒失去已知的風險。一旦你體驗到自由與無懼的喜悅，你便無怨無悔，於是你已懂得將生命的火炬燃燒出全部的光和熱，讓生命強烈地活過，就算只有短暫片刻，也比庸庸碌碌又漫長的一輩子要令人感到滿足。

豎起你的耳朵去傾聽新的，跟著新的走；

我知道你會怕，儘管害怕，

你仍得跟著它走，然後你的生命會愈來愈豐盛，

有一天，你將能夠綻放你以往鎖住的光芒。

第二章　當新的來敲門

允許它的發生

新的事物總讓人覺得陌生，誰曉得呢？
新的事物或許是朋友，或許是敵人，你根本無從發現起！
唯一之道是允許它的發生，你才會理解。

那新的（the new）並不是出自你內在，它來自彼岸，並不是屬於你的一部分。你過往的一切顯得岌岌可危，因為新的一切使你與過去完全不相連，於是你感到害怕。從過去到現在，你都用一種方式過生活，以一種方式思考，以你的信仰營造出舒適的生活；而此刻，某個新的事物來敲你的大門，眼見你整個過去的模式即將瓦解，一旦你讓新的進來，你將不再是從前的你，你將會被轉化。

是很危險沒錯，你永遠不知道跟隨著新的，你將變成怎樣。舊的一切皆是屬於已知、熟悉的範圍，你活在已知當中已經很久了，相當清楚該怎麼做。新的事物總讓人覺得陌生，誰曉得呢？新的事物或許是朋友，或許是敵人，你根本無從發現起！唯一之道是允許它的發生，你才會理解。

而你也不能老是拒絕新的，因為舊的一切並未能給你你所追尋的，它一直未能實現對你的承諾，雖令人熟悉，但卻不能使你真正快樂；而新的或許不是很舒服，卻有契機在其中，說不定喜樂會因此降臨，所以你既無法拒絕，可是又不能接受。於是你在那裡搖擺不定，感到惶恐不安，內心十分煎熬。這很正常，沒有什麼不對勁的，事情本來就是這樣，將來仍然會是這樣。

試著對新的做一番了解。世上每一個人都喜歡求新，因為沒有人會對舊的事物感到滿意；永遠不會有人對舊的事物感到滿意，因為不管那是什麼，你都已經知道了。已知代表著重複、無聊、單調，讓你巴不得甩掉它。你要去探索、冒險；你想進入新的領域，然而，當新的事物真的找上門時，你卻退縮回去，躲在原來舊有的世界裡，兩難就出在這裡。

要如何成為新的呢？每個人都想煥然一新，你需要具備勇氣，而且還不是普通的勇氣，是超凡的勇氣。世上舉目所見都是膽小之輩，這正是人們不再成長的原因，若你是個膽小鬼，請問你要如何成長？當新的機會來臨時，你總是做縮頭烏龜，這樣怎能成長？怎麼可能？你只能假裝你有成長。

由於你不能成長，所以你必須找替代品來顯示你的成長。你不能成長，但你銀行戶頭的錢可以成長，那是種替代，非但不需要勇氣，還挺適合你的膽小懦弱。你的錢不斷增長，你就開始以為你在成長，覺得自己值得別人的敬重；你的名聲開始高漲，你就以為自己在成長？你不過是在自欺欺人，你既非你的名字，也非你的名聲，你銀行裡的錢更不代表你的人。而說到你的本質（being），你會開始顫抖，因為如果你要你的本質成長的話，你必須要很有膽量。

我們要如何變成新的？我們無法自己去變成，新的來自彼岸，你可以說是來自神，新的來自存在。頭腦總是屬於舊有的，從來就不是新的，它是過去的累積。新的來自彼岸，是神所賜予的禮物；新的來自彼岸，屬於彼岸。

那未知與不可知的彼岸已經進入了你。它已經進入了你，因為你從來就不是與它分開的。你並不是一座孤島，或許你已經遺忘了彼岸，但彼岸還惦記著你；小孩也許不記得母親了，但母親卻未忘記過小孩。身為它的一部分，或許你開始在想：「我不屬於整體。」但整體知道你並沒有與它分開。整體已經進入了你，它依然與你保持連結，所以新的事物才會不斷降臨到你身上，雖說你並不怎麼歡迎。每天早晨，每天黃昏，它以一千零一種方式來到你的身邊，倘若你有眼睛的話，你將會看到它不斷地來找你。

存在無時無刻不在眷顧著你，只是你太沉溺於過去，幾乎等於將自己關在墳墓堆裡。由於你的膽怯，你已失去了敏感度，你的細膩不再。敏感度是指你能感覺得出新的事物的出現，以及隨之揚起的激昂與熱情，接下來，你展開你的冒險之旅，邁開步伐走進未知當中，雖然不曉得自己會往哪裡走。

頭腦認為那樣太瘋狂了，沒有道理要拋掉既有的一切。然而，神總是新的，所以我們從來不會用過去式或未來式提到神，我們不說：「神以前是這樣。」也不說：「神將會是那樣。」我們只會用現在式：「神是……。」（God is）祂是亙古常新的；神已經進入了你。

別忘了，所有進入你生活一切的新事物，都是來自神的訊息。如果你接受了祂，表示你已具有宗教品質；如果你拒絕了祂，表示你沒有具備宗教品質。人類只需要再放鬆一點點就能接受新的；只要再打開一些些，就能讓新的進來，在你內在挪出點空間，允許神的進入。

那正是祈禱或靜心的涵義，你敞開來，你說：「好。」你說：「請進來。」你說：「我已經等了又等，很感謝你終於來了！」永遠要開開心心地迎接新的。即便有時會不太順遂，一切仍舊是值得的；就算有時你因而陷入泥濘當中，一切還是值得的。因為，唯獨透過錯誤才能學習，唯有經歷困厄才能成長，新的事物將會為你帶來難題，那就是為什麼你會選擇舊的，舊的一切不會造成你任何不適，它是你的慰藉，你的避風港。

只有深深地、完全地接受新的，你才能有一番蛻變。你無法將新的帶入你的生活，它會來，你所能做的只有接受或是拒絕。假如你拒絕，你會繼續麻木不仁下去；要是你接受，你就成了一朵花，你開始綻放……在綻放的時候，就是一種慶祝。

唯一能轉化你的，是讓新的進入你的生命，除此以外，別無他路。記得，這無關乎你或你的努力，只是，「無為」（do nothing）不是指你真的什麼事都不做，而是指你不會出於以前的意志力、方向或刺激來行動。

新世界的探求可不是尋常的探求，因為你要找的是新的，你怎麼找得到？你連它長得是圓的還是扁的都不知道，你跟它還未曾打過交道，那將會是一趟未知的探索。你對它一無所知，這個不知道的狀態就是你的起始點；然後你會像個小孩般的出自純真來行動，對於一切的可能性感到雀躍無比，因為那是無限的可能性。

你沒辦法做任何事去創造出新的，因為你所做的都是出於過去，但那並不代表你要停止一切作為，只是你不再基於過去的意念或衝動來做事，也就是說，帶著靜心的品質來行動，自在地、放鬆地，交由當下來決定該做什麼。

在當下，你不加諸個人的決定，因為那樣的決定是來自過去，如此只會壞了事。在每個片刻中，你只是像個小孩般，將自己全部丟進當下的片刻，你會發現每天都有新的契機、新的光明、新的啟示。那些新的啟示將不斷為你帶來轉變，有一天，你將發現自己每一個片刻都煥然一新，舊有的一切不再徘徊不去，不再像雲一樣圍繞著你，你像是水滴一般清新明朗。

那才是「重生」真正的意義，假如你懂的話，你將會從記憶中解放出來。記憶是死的東西，它不是真實的，也不可能是真實的；真理永遠是活的，真理夾帶著生命。記憶是已經不存在的那一切的延續，記憶的世界是一個幻象的世界，那世界裡有我們，那是我們的監獄，更確切的說，那就是我們。記憶創造了一個錯綜複雜的結：「我」，也就是「自我」，這個假的我很怕死，這正足以說明為什麼你對新的一切會感到害怕。

是這個自我在害怕，倒不是真的你在害怕。你的存在從沒有恐懼，但自我有恐懼，因為自我非常非常怕死亡。自我是人為拼湊成的，隨時都會潰散瓦解。當新的事物出現時，恐懼也出現了，這是自我在怕死，所以拚命想辦法撐住自己；而現在新的來臨了，那是個有摧毀力的東西，就因為這樣，你才沒辦法用快樂的心情迎接新的，自我無法以喜悅來接受自己的死亡，它怎能以喜悅來接受自己的死亡呢？

除非你明瞭你並不是自我，否則你無法有能力接受新的；一旦你看出自我只不過是你過去的記憶，認清你不是你的記憶，記憶就像一部生物電腦，只是一台實用的機器……而你是超越它的，於是你知道你是意識，而非記憶，記憶是意識中的內容，而你則是意識本身。

例如你看某人走在路上，你只記得那張臉孔，卻想不起對方的姓名。如果你是你的記憶，那你應該記得名字才對，可是你說：「我認得他的長相，但想不起他叫什麼。」於是你開始在記憶庫裡搜尋，你進到你的記憶庫裡東翻西找，忽然間那個名字跳出來，你說：「沒錯，這就是他的名字。」記憶是你過往的紀錄器，你是那個在記憶庫裡搜尋的人，你不是記憶庫本身。

這種事常發生，當你愈要想起某件事，反倒愈想不起來，由於你承受到壓力，那個緊張本身使得記憶庫無法傳送資訊給你。你絞盡腦汁，知道就差那麼一丁點就會想起來，你明明知道那個名字，可是你怎麼樣就是想不起來。

這就奇怪了，如果你是記憶，又沒有人阻止你去想起來，為什麼你記不起那個名字？誰又是這個說「我知道，只是我還沒想起來」的人？你努力地試了又試，你愈用力試，事情反而更加困難。後來，你覺得想得很累，於是去花園散散步，突然，就當你看著一叢玫瑰花時，那個名字跑出來了。

你不是你的記憶，你是意識，而記憶是意識裡的內容。記憶是「自我」全部的生命泉源，當然它是舊的，而且很怕來自新的一切。新的或許很擾人，而且為你所帶來的或許讓你沒法消化；新的說不定會為你造成麻煩，你必須反覆做幾番調整，似乎是挺費力的。

要成為新的，你要能不認同自我，一旦你能做到這一步，你也就不在意自我是死還是活。事實上，無論自我是死還是活，你知道它都是死的，只是部機器，去使用它，別反過來被它使用。

自我之所以那麼怕死，是因為它一向我行我素慣了，所以才會有恐懼。恐懼不是從你的本質中出現，這是不可能的，因為本質是生命本身，生命怎麼會害怕死亡？它根本不知道死亡為何物，恐懼是由自我這個虛假的人工合成品而來。只要徹底的放開來，就能使自我崩解，使人真正地活過來，自我的死亡，就是你的誕生。

新的是神的使者，新的是來自神的訊息，這是則真理！豎起你的耳朵去傾聽新的，跟著新的走；我知道你會怕，儘管害怕，你仍得跟著它走，然後你的生命會愈來愈豐盛，有一天，你將能夠綻放你以往鎖住的光芒。

我們之所以不斷錯過生命裡的許多事，是因我們缺乏勇氣。其實不用努力，只要有勇氣，事情就會自行找上門來，而不是你去找它們……至少，就內在的世界而言，事情確實是這樣的。對我來說，作為幸福的人需要極大的膽量，去過悲慘可憐的生活其實是懦夫的行徑，說穿了，當一名儒夫不需要任何條件，任何沒種的人，任何傻瓜都能當。但是，作為幸福的人則需要很大的勇氣，那是一個艱巨的任務。

但我們不是這樣想的，通常我們都認為：「要快樂哪裡需要什麼？每個人都想要快樂。」那是完全錯誤的想法。真正想要快樂的人其實沒幾個，別聽人們嘴巴上說的，真正能快樂的人少之又少，人們對自己的痛苦有著更大的興趣，他們喜歡悶悶不樂……事實上，當他們不快樂時，他們才快樂。

有好幾件事你得了解，不然要脫離痛苦的軌道將很不容易。首先：沒有人將你關在那裡，是你自己決定要待在痛苦的桎梏之中。沒有誰將誰綁在那裡，想要出來的人，在這個當下就可以出來，沒有人管得著。過得不快樂的人自己要負責，但不快樂的人從未負起過責任，那正是他從來都過得不快樂的方式，他會說：「是別人造成我的痛苦。」

如果真是別人讓你不快樂，當然了，你能怎麼樣？如果是你讓你自己不快樂的，那還有解決之道……而且馬上就能解決，因為那樣的話，快不快樂是操之在你。所以說，人們總將責任丟給別人：有時候是老婆，有時是老公，有時是家人，有時候是天時地利不合……童年、母親、父親……有時是社會、歷史、命運、老天爺，反正他們就是將責任丟給別人，丟的對象或許會換，但把戲是同一套。

當一個人為自己負起所有的責任時，他才稱得上是真正的人。不管處於什麼狀況，那都是他自己的責任，這是他最初的勇氣之舉，也是最大的勇氣。要接受這個想法很難，因為頭腦會說：「要是你能決定，為什麼你要選擇不快樂？」為了避免這個問題的答案，我們只好說是別人該為我們負責：「我又能怎樣？我也無可奈何……我是受害者！有一個比我更大的力量在拉扯我，我什麼都沒辦法做，頂多只能哭一哭，然後再因為我哭而更不快樂。」凡事都會成長，如果你付諸行動，它就會成長，然後你會愈來愈深入……。

沒有任何人，沒有其他力量在對你做任何事，是你自己，也只有你自己。這正是關於「業」的全部哲學：那是你的所作所為，「業」就是作為。你做了，而你也可以消弭你所做的，不用等待或延遲，時間不是必要的，你可以直接跳出來！

可是我們已經習慣了，要是終止痛苦，我們將會覺得很孤單，因為我們失去了最親近的伴侶，它與我們如影隨形，我們走到哪，它就跟到哪。當身邊沒有人的時候，至少有你的痛苦與你作伴，你等於跟痛苦結婚，那還真是一樁漫長的婚姻，不知多少世以來，你一直待在這個婚姻裡。

現在是離婚的時候了。我認為這麼做很勇氣——跟痛苦離婚，丟掉人類頭腦中最陳舊的習慣，離開與你相處最久的伴侶。

每當你愛上某個人時，

兩個人處於深深的愛與交融之中，

在那當下你找不到一絲恐懼的蹤影，

如同燈被點亮的時候，你就看不見黑暗一樣，

祕訣即在於：去愛得更多一些。

第三章　愛的勇氣

沒有愛，所以才會有恐懼。
用愛去做一件事，將恐懼忘卻，
因為當你愛得全然，恐懼就會消失。

假如你愛得深刻，你將找不到恐懼。恐懼是愛不在時的一個負面現象，這點你要深入地去了解個透徹，如果錯過了，你將永遠不知道恐懼的真面目；它就像是黑暗，表面上看起來存在，說穿了，它只是光的不在，光原本存在，將光移走之後，就剩黑暗在那裡。

黑暗並不存在，因此你無法移走黑暗，任你怎麼做就是無法移走黑暗。你不能帶著黑暗，也不能趕走黑暗。假如你想對治黑暗，你該對治的其實是光，因為只有存在的東西你才能與之互動。關掉了光，黑暗就出現，將光打上，黑暗就消失；你是在與光打交道，對於黑暗你並無法做些什麼。

恐懼是黑暗，是愛的不存在。你無法對恐懼怎麼樣，你愈想做什麼，恐懼反而加深，因為你發現愈是要做什麼，問題只會愈複雜。假如你與黑暗對抗，你注定吃敗仗；你可以持劍去殺掉黑暗，保證換來的只會是一身筋疲力盡，最後你的頭腦會告訴你：「黑暗實在太厲害了，所以我才會被打敗。」

整件事的邏輯就是從這裡出錯的，雖然聽起來絕對合乎邏輯。假如你與黑暗交戰已久，而你怎麼樣都贏不過，怎麼樣都消滅不了它，於是你做了一個結論：「黑暗這個對手十分強大，我無能為力。」這麼說確實很合邏輯，可是事實卻正好相反，無能為力的是黑暗，而不是你。黑暗實際上並不存在，所以你才打不贏它，你要如何打敗一樣不存在的東西？

別跟恐懼對抗，不然你只會更加害怕，且導致新的恐懼進入你內在——對恐懼的恐懼。這很危險，因為恐懼是一種「不在」，而對恐懼的恐懼則是對「不在」的恐懼，如此下去你會發瘋！

沒有愛，所以才會有恐懼。用愛去做一件事，將恐懼忘卻，當你愛得全然，恐懼就會消失。

每當你愛上某個人時，就算只有短短的一瞬間，你在當時有恐懼嗎？在任何一段關係裡，當兩個人處於深深的愛與交融之中，即使只有短暫的片刻，在那當下你找不到一絲恐懼的蹤影，如同燈被點亮的時候，你就看不見黑暗一樣，祕訣即在於：去愛得更多一些。

如果，你感覺自己有恐懼，就去愛得更多一些；在愛之中更勇敢些，去冒險，愛得更多一些，而且沒有條件地去愛，因為當你愛得愈多，恐懼就會愈少。而當我說愛的時候，指的是愛全部的四個層面：從性到三摩地。

深深地去愛。

如果在一個性愛關係中你愛得很深入，那將會解除你身體上很多的恐懼。假如你的身體因為害怕而顫抖，那是對性的恐懼，因為你從來沒有經驗過深刻的性關係，所以身體會顫抖，覺得不自在、不舒服。

深深地去愛，一次的性高潮會將身體裡的恐懼驅逐殆盡。當我說性高潮會把恐懼驅逐殆盡，並不是指你會變得英勇，英勇的人只是膽小鬼的另一面。恐懼消失的意思是你既不怯懦也不英勇，這兩者是恐懼的一體兩面。

看看你們所謂的勇士：你會發現在內心深處他們是害怕的，他們只是用盔甲將自己武裝起來。英勇並不是無懼，它是在完善保護下的恐懼。

當恐懼消失時，你成為無所畏懼的人；無所畏懼之人從不加諸恐懼在任何人身上，也不容許別人加諸恐懼在他身上。

深刻的性高潮會給身體一種回到家的感受，身體變得健康，因為會覺得更完整。

接下來第二步是愛，去愛人——沒有任何條件地。如果你頭腦裡有些條件，你一輩子也無法去愛，因為條件將成為阻礙。愛對你有很大的幫助，為什麼還要有條件才能愛？愛為你帶來那麼多的助益，你覺得如此幸福。無條件地去愛，別要求任何回報，要是你明白，光是愛人就能使你在無懼中成長，你將會純粹為了愛的喜悅而去愛。

人們通常因為他們的條件能被滿足才愛，他們說：「你該像如此這般，不然我不愛你。」母親對小孩說：「只要你乖，我就愛你。」太太對先生說：「你必須要這樣子，我才愛你。」每個人都在談條件，於是愛消失了。

愛發生時，部分的自由也發生了。愛是無際的天空！你不能將它硬塞進一個狹小、受限的空間裡。就好比原本你讓家裡面流動著新鮮空氣，接著你關起每一處的門窗，很快地，空氣變悶了，一切變得令人窒息、污濁。

這一直是所有人類的大問題。當你剛墜入愛河時，一切看起來都是那麼的美，因為那時你們沒有要求對方什麼，兩個人不帶任何條件地朝彼此靠近。等到你們定下來之後，你們開始視對方為理所當然，期望就出來了：「你應該要像這樣，你應該表現得像那樣，這樣我才愛你。」好像愛還可以讓你討價還價似的。

當你沒有出於全部的心在愛時，你的愛便成了一項廉價品。你迫使別人為你做某件事，唯有這樣你才愛，不然你就背叛你的愛；你等於把你的愛當成一種懲罰或是脅迫，這不是愛。不管你是付出或收回你的愛，愛始終不是你的重點，你真正關注的是其他的⋯⋯。

舉例來說，你身為先生，買禮物回去送給老婆，她很高興地倚靠著你、親吻你；可是當你不再帶任何東西回家時，開始有些疏離產生，她不再圍著你打轉。你付出愛的時候，受益的不只是別人，還有你自己。愛會幫助付出愛的人，也會幫助被愛的人。

人們來找我時總是說：「別人都不愛我。」從來沒有人告訴我：「我並不愛別人。」愛變成一項要求：「別人都不愛我。」不要管別人愛不愛你！愛是這麼美，當你愛的時候，你自己將會享受不已。

你愛得愈多，就愈討人喜愛；你愛得愈少，愈要求別人愛你，就愈惹人厭，你只是變得更封閉，囿於你的自我之中。而且你會有點神經過敏，就算有人想靠近你、愛你，你也怕別人可能會拒絕你、揚棄你。

沒有人會愛你，這已經變成你根深柢固的想法。這個人怎麼能改變得了你？他試著要愛你？事情一定沒有這麼單純，說不定他想騙你？這個人一定別有居心。你築起一道高牆保護自己，不讓別人愛你，你也不愛任何人，然後你感到害怕，因為你孤伶伶地一個人在這世上，十分寂寞。

那恐懼又是什麼？恐懼是一種與存在失去連結的感覺，讓這成為「恐懼」的定義：與存在失去連結的狀態就是恐懼。爸爸媽媽和全家人都去了電影院，你一個人被丟下來，像個小孩在家裡哭嚎；小孩在搖籃裡哭著，那裡就只有他孤單一人，沒有人可以保護他、安慰他，也沒有人愛他，一股強大的寂寞感籠罩著他，這就是恐懼的狀態。

你從小被帶大的方式並不容許愛的發生，所以才有恐懼。人類可以為很多事接受訓練，但絕不是為了愛：軍隊的存在是為了訓練我們去殺人，花費多年時間就是為了去殺人！學校的存在是為了訓練我們懂得算計，經年累月的訓練，只為了讓你學會不要被別人欺騙，但你可以騙別人。從來沒有一個地方的存在，是你可以允許自己去愛的，而且是自由的愛。

還不只這樣，社會其實是愛的最大阻力。父母親通常不喜歡孩子自己去談戀愛，或許表面上他們假裝不是如此，但沒有任何父親、母親希望孩子自己談戀愛，他們喜歡替孩子安排婚姻。

為什麼？因為當一個年輕男子愛上一個女人或女孩，他就會搬離他的原生家庭，另組新家庭。他當然不願一直待在舊的家庭裡，他說：「現在我要走了，我將會建立自己的家園。」他選擇自己想要的女人，父母親一點也插不上手，幾乎完全被排除在外。

才不呢！其實父母親想為孩子規劃：「你建立一個家沒問題，但是讓我們為你安排，這樣我們才有參與感。不要自己談戀愛，一旦你愛上誰的時候，愛成了你的全部。若是由我們安排相親，那就是大家的事，這樣你才不會因為你的老公或老婆就忘了全世界。」所以只要有安排好的婚姻，家庭就能繼續存在，當婚姻是基於愛的發生時，家庭就會消失。

在西方，家庭正日漸式微中，由此你可以了解為什麼會有相親：為了家庭的生存。你會被毀滅，你那一點去愛的機會也會被毀滅，這些都不要緊，重點是你成了家庭的犧牲品，只要你的婚姻是在父母的安排之下，大家庭就能存在。假如那是被安排的婚姻，你就可以想見一百個人同處在一個屋簷下的畫面。

當男孩或女孩墜入愛河時，他們會自成一個世界，他們要搬出來自己住，好擁有私人的空間，他們才不要有一百對眼睛在四周虎視眈眈，好像住在菜市場裡一樣，外面的世界對他們而言是種干擾。

家庭並不支持愛，你一定早就聽過「家是愛的泉源」一說，然而我告訴你：家庭是反對愛的，家庭藉由扼殺愛而得以存在，它從未允許愛的發生。

社會並不讓愛存在，因為當一個人真正地處在深度的愛之中，你無法操縱他，你無法派他去打仗，他會說：「我在這裡就很快樂了！你還要派我去哪裡？為什麼我該去殺那些陌生人？他們說不定跟我一樣，光是坐在家裡就很快樂了！我與他們無冤無仇，一點厲害衝突都沒有……。」

如果年輕的一代能進入愛的深處，將不會有戰爭發生，因為你找不到那麼多瘋子去打仗。當你愛的時候，你已嘗到生命的滋味，你不會想要去殺任何人；若你從沒愛過，便不知道生命是什麼，於是你的興趣轉而偏向死的東西。

恐懼的本質是毀滅，愛則是創造性的能量，當你在愛之中，你會想到創造。你也許想唱一支歌，或是畫畫，或寫幾首詩，但絕不會想帶把刺刀或原子彈，到處瘋狂殺人，你連你所殺的人是誰都不知道，他們沒有做錯任何事，你根本不認識他們，正如同他們也不認識你。

只有當愛再度進入這世界，戰爭才會平息。然而政客不要你愛，社會不要你愛，家庭也不讓你愛，他們全都想控制你愛的能量，因為那是唯一的能量，所以才會有恐懼。

如果你真的了解我所說的話，就丟掉一切恐懼，愛得更多一些，而且不帶任何條件地去愛。當你愛的時候，不要心存你是在為別人做什麼的想法，你是為了你自己。當你愛的時候，受益的人是你自己，所以不要等待，不要說當別人愛你的時候，你才去愛：重點並不是別人。

自私一些，愛是自私的，去愛人，你將透過愛而感到滿足，將因為愛而接受到愈來愈多的祝福。

當愛深入的時候，恐懼隨之消失；愛是光明，恐懼是黑暗。

第三個階段是：祈禱。教堂或教會曾教過你怎樣祈禱，但他們其實是你進入祈禱的阻礙，因為祈禱是一種自然而然的現象，不是可以被人教導的。假如你從小就已經被教導一套祈禱的方式，表示你體驗祈禱之美的機會早被剝奪了。祈禱是一種自然而然的現象。

我忍不住要告訴你一則我自己很愛的故事，俄國大文豪托爾斯泰曾寫過一篇短篇。

在古俄羅斯的某個地方有一片湖，這片湖因三位智者而聞名，全國上下的人無不對此感到興趣。許多人不辭跋山涉水的辛苦來到這個湖，為的就是想見到這三位智者。

這個國家裡位階最高的神父開始感到不安，到底怎麼一回事？他從沒聽說過這三個人，他們從沒經過教會的認可，是誰讓他們當上智者的？基督教一直在做一件蠢事：他們核發「智者」證書給人們，難不成人們會因為收到證書就突然變成有智慧的人？

人們前去的熱潮有增無減，而且不斷有消息傳來，說發生了不少奇蹟，於是神父不得不親自一探究竟。他坐船來到那三位智者所住的島上，發現他們不過是普通的窮老百姓，但他們日子過得十分快樂。貧窮只有一樣——就是無法愛人的心。他們雖沒有錢，可是他們非常富有，你再也找不到比他們更富有的人。

他們開心地坐在樹下，笑著、享受著，神情顯得很愉快，見到神父，他們向他頂禮。神父問道：「你們在這裡做什麼？外頭都傳說你們是了不起的賢人，你們可知該如何祈禱？」因為見到他們三人之後，神父馬上察覺出他們沒有受過教育，有點笨拙；快樂是快樂，但是傻里傻氣。

他們互相看了一看，然後說：「抱歉！先生，我們不懂教堂裡正規的那一套祈禱方式，因為我們沒讀過書，不過我們自創了自己的祈禱，如果您不覺冒犯的話，我們樂於讓您看看我們是如何祈禱的。」

於是神父說：「好，你做給我看，我想知道你們是如何祈禱的。」然後他們說：「我們絞盡腦汁想了又想，可是我們不是偉大的思想家，我們是無知之人，於是決定祈禱文簡單就好。在基督教裡，神被視為三位一體：聖父、聖子與聖靈，我們也是三個人，所以我們的禱詞就是這樣：『你是三，我們也是三，請施與慈悲給我們。』這就是我們的禱詞。」

神父聽了大發雷霆，他說：「真是亂來，我們從沒聽過這種禱詞，快給我住嘴！你們這麼蠢不能當智者。」他們跪到他腳下，說：「請您教我們真正的祈禱文。」

於是，神父告訴他們俄羅斯教會中正統的祈禱文，那一串話又臭又長，聽起來很浮誇不實。他們三個人聽完後面面相覷，看來似乎是希望渺茫，他們永遠也進不了天堂的大門。他們說：「拜託再重講一次，因為它太長了，況且我們又沒讀過書。」神父又說了一次。他們說：「先生，再一次，因為我們記不住，不然就是會講錯。」所以他又再說了一次，然後，他們打從心底慎重地感謝他，他也覺得自己做了件功德，同時將三個愚民帶領回教會。

他坐上了船準備回去，就在船行到湖中央時，他看到令人難以置信的畫面：那三個人，那三個愚民正赤足飛奔在水上！嘴裡一面喊著：「等等……再講一次，我們已經記不得了！」

這簡直教他不敢相信！這下換神父跪到他們腳下說：「請原諒我，請你們繼續用原來自創的那套祈禱文。」

第三種愛的能量就是祈禱。宗教與教會已經將之摧毀殆盡，他們給你的是既成的祈禱文，而祈禱是一種即時的感覺，當你祈禱的時候別忘了這個故事，讓你的祈禱自然而然地發生。假如你的祈禱無法隨興所致，那怎能叫祈禱？連與神父交流你都要事先準備好講什麼，要到何時你才能真情流露呢？

當你祈禱時，只說你想說的，就當神是你一位很有智慧的朋友，別拘泥於形式，流於形式的關係一點都不叫關係，連跟神你都要那麼正經八百嗎？那樣就不自然了。用愛祈禱，這樣一來你才真的能祈禱，與存在的對話是一件再美也不過的事了！

不過，不知你是否曾注意過？當你真的很隨興的時候，人們往往會以為你瘋了。要是你來到一顆樹或一朵花面前，開始對它說話，人們鐵定會認為你瘋了；而要是你到教堂對著十字架或雕像說話，沒有人會說你瘋了，他們還會認為你很虔誠；你對著廟裡的一顆石頭說話，每個人都說你這個人很有宗教品質，因為這是權威認同的形式。

如果你去對一朵玫瑰花說話，玫瑰花說什麼也比一顆石頭來得活，來得神聖……如果你去對一顆樹說話，樹絕對比十字架要接近神，因為沒有任何十字架有根可與神連結，十字架是死的……而樹是活的，它的根深植於大地，枝葉高聳於天空當中。樹與整個存在、太陽、星星都緊緊相連著。去跟樹說話！它可以成為你與神聖的交會點。

但是，如果你是像那樣在說話，人們會用異樣眼光看你，隨興被視為瘋狂，而正經被當成正常，但事實正好相反。當你到廟裡，嘴裡重複唸著一樣的禱詞，那你就是傻瓜，來番心與心的對話吧！祈禱是如此之美，你將開始因祈禱而綻放。

祈禱是一種愛的境界——你與存在共處於愛之中。有時你對存在感到生氣，你不和祂說話，那也很美！你可以說：「我不說了，我已經說夠了，根本沒有在聽嘛！」這是一個美麗、生動的舉止。有時候你完全丟掉祈禱，因為你一直祈禱你的，而神並沒有在聆聽。這樣的關係需要雙方很深地投入，你當然生氣祂沒有在聽。有時候你覺得很好、很感激，有時候你覺得被冷落，無論如何，那是個活的關係，於是祈禱便是真實的。假如你總是像台留聲機一樣，每天重複一樣的東西，那就不是祈禱了。

我曾聽說有一個很會精打細算的律師，每天晚上上床睡覺前，會看著天空說：「禱詞如前一天。」然後他就睡了，這輩子他只祈禱過一次，也就是他一生中的第一次，後來都是：「禱詞如前一天。」好像在唸法律條文一樣，一再說同樣的祈禱文有什麼意義？不管你說「禱話如前一天」或重頭到尾講一遍都一樣。

祈禱應該是一個活的經驗，一種心與心的對話，不用多久，你會發覺不是只有你在說話，你也會感受到回應，於是祈禱會在時機來臨時自然發生。當你感受到回應，你知道不單是你在說話，如果只有你一個人的獨白，那依舊算不上是祈禱，它必須是對話；你不只說話，你還聆聽。

我想告訴你，當你的心敞開，整個存在隨時都準備好回應你。沒有什麼比得上祈禱。愛不可能比祈禱來得美，正如性不可能像愛那般美，愛也不可能像祈禱那般美。

愛的第四階段我稱做靜心。在那個境界中，對話終止了，你是在寧靜中進行一場對話。沒有話語，因為當你的心滿溢，你一句話也說不出來；當你的心滿溢，唯有寧靜能做為橋梁。於是，沒有「別人」在那裡，你與宇宙合而為一，你既不說也不聽任何事，你與存在、與宇宙、與整體成為一體，「一」就是靜心。

以上是愛的四個階段，在每一個階段都會有恐懼消失。假如性是美麗的，身體的恐懼將會消失，身體將不會變得神經質。我已觀察過許多人的身體，通常他們很不安，因為身體沒有被滿足過，所以無法放鬆。

當愛發生時，恐懼會從頭腦消失，你會有一個自由的生命，宛如回到家一樣的自在，不再有恐懼，不再有夢魘。

假如祈禱發生了，恐懼也將完完全全消失，因為，在祈禱之中你與存在合一，你開始感覺到與整體深深地連在一起。從靈魂的所在之處，恐懼消失了；當你祈禱的時候，對死亡的恐懼消失了，這只有在你進入祈禱的世界之後才會發生。

當你靜心時，連無懼都不見了。恐懼沒了，無懼也沒了，什麼都不留，或者說只有「空」在，那是廣闊的純淨、清新與天真無邪。

愛是一種存在的狀態

愛不是關係，而是一種存在狀態，愛與他人無關。你不是在愛裡面，你就是愛，當你是愛的時候，你當然在愛之中，但那是一個「果」、一項副產品，而不是「因」，「因」在於你就是愛。

誰是愛呢？假如你沒有意識到你是誰，你必然不可能是愛，你會是恐懼。愛的相反就是恐懼，記住，愛的相反不是如人們所以為的恨，恨是愛的倒錯，它不是愛的相反，愛的真正相反是恐懼。

愛使人擴張，恐懼使人萎縮；恐懼讓人封閉，愛讓人敞開。人在恐懼的時候會懷疑，在愛的時候能信任；恐懼令人覺得孤單，愛則令人消失，所以連孤單的問題都沒有。當一個人不在了，怎麼會孤單呢？樹、鳥兒、雲朵、太陽、星星都在你的內在之中，當你已經知道你內在的天空，那就是愛。

幼小的孩童沒有恐懼，孩子出生時都是沒有恐懼的。假如社會能協助並支持他們保持這個樣子，幫助他們去爬樹、爬山，到海裡、河裡游泳，換句話說，如果社會能竭盡所能幫助孩子成為探索未知的探險家，如果社會能為孩子啟發疑問，而非給他們刻板的信仰，這樣一來，孩子會成為生命的愛好者，那才是真正的宗教，再也沒有比愛更高的宗教了。

靜心、跳舞、唱歌，深入你自己。更仔細地聆聽鳥兒的啁啾聲，以敬畏、驚奇的眼光看著花朵，把你的知識放一旁，不要忙著為事情下結論，那正是所謂的「知識學」（knowledgeability）：專為事情下標籤、分門別類的一門大學問。走進人群，和人們混在一起，和愈多人互動愈好，因為每一個人都是神不同面貌的體現，從人們身上學習。

別害怕，這個世界不是你的敵人，祂像母親一般照顧著你，隨時隨地都準備好要支持你。去信任，你將會從你內在感受到一股能量泉湧出來，那股能量就是愛，那股能量想要祝福整個存在，因為在那股能量中，你感受到自己被祝福，而當你感受到祝福，除了祝福整個存在之外，你還能做什麼？

愛是想祝福整個存在的深深渴望。

這蛋糕真好吃！

愛是稀有的。要與一個人在他的核心相遇，這如同經歷一場內在革命，因為，如果你要與一個人在他的中心相遇，表示你也要允許那個人來到你的中心，你必須變得脆弱，完全地柔軟與敞開。

這是危險的，要讓某個人來到你的核心是很危險的，因為你永遠不知道那個人將會對你怎麼樣。要是你所有的祕密都被知道了，所有你隱藏的事情都被揭開，要是你完全地將自己打開來，別人會對你做什麼事情你無從知道，你會害怕，這正是為什麼我們從不敞開的原因。

你與某個人熟識，並不代表你倆之間有愛；表面的會面不代表真正的相遇，所有發生在表面的事情並不是你，表象的一切只是顯示你所屬範圍的界限，像一道將你圍起來的籬笆，但你並不是它！它只是你與這世界的分界線。即便是多年的夫妻，或許只能算是跟對方很熟而已，他們不見得了解彼此。當你與某個人住在一起愈久，你反而愈會忘記你們之間尚未深入彼此。

所以首要了解的一件事是，別將熟悉當成愛。你們或許做愛，或許有性關係，但性也是個表面現象，除非你們倆在核心的地方交遇，不然性只是兩個身體的會合，頂多你們兩個人的身體彼此熟悉罷了。唯有當你不害怕，當你沒有恐懼時，你才有可能讓別人進到你的核心。

有兩種過生活的方式：恐懼導向和愛的導向。恐懼導向的生活永遠無法帶引你進入深刻的關係，你小心翼翼，只允許他人靠近你到某個程度，不讓他人進到你的核心深處，你在自己周圍築起一道厚厚的牆。

以愛為導向的人不會擔心未來，不會害怕結果，他活在當下的片刻。別管會有什麼後果，那是恐懼的頭腦在作祟；別去想會發生什麼事，只要全然在當下行動就行了。不要在那裡盤算，恐懼導向的人總是小心翼翼地做規畫，力求自己在安全範圍中，但整個一生就這樣浪費掉了。

我聽說過關於一個老禪師的故事：

他躺在床上準備臨終，那一天已經來臨，他宣布當天晚上他就會走了。所以他的弟子、友人紛紛來到他的住所，許多愛他的朋友從大老遠趕來看他。

一位大弟子聽到師父即將圓寂的消息時馬上跑去市場，有人問他：「師父就快過世了，你為什麼還往市場去？」大弟子回答：「我知道師父特別鍾愛某一種蛋糕，所以我要去市場買這種蛋糕。」

要找到這種蛋糕不太容易，不過在傍晚前總算給他找到了，他提著蛋糕趕回去見師父。大家都有點擔心，看起來師父好像在等某個人，他會張開眼睛看看，然後又闔上眼。當這位大弟子趕到的時候，他說：「你終於來了，蛋糕呢？」

死亡正逐漸降臨，師父將蛋糕拿在手上……但他的手並不會發抖。他年紀很大了，但手不會抖。有個人問道：「你年紀這麼大了，而且正在臨死邊緣，隨時都有可能嚥下最後一口氣，但你的手卻不會顫抖？」

這位師父說：「我從未顫抖，因為我沒有恐懼。我的身體已經老了，但我依然年輕，就算身體走了，我也依然年輕。」

接著他嚐了一口蛋糕，開始吃得津津有味。某個人問他：「師父，您有沒有什麼最後的話要告訴我們的？您很快就要離開我們了，您有沒有特別要我們記住的事？」

師父臉上泛起微笑，他說：「啊！這蛋糕真好吃！」

這就是活在當下的人：這蛋糕真好吃，即使是死亡都不重要了，下一刻的事沒有任何意義，這個片刻的蛋糕好吃才重要。如果你能在這個片刻，在當下這個片刻，唯有如此你才能愛。

就算你感覺某個人不喜歡你，他也不是你的敵人，因為每個人關心的只有他自己，而不是你。沒有什麼好怕的，在真正的關係發生前，你一定要了解這件事。

愛是一朵稀有的花，偶爾才出現一次。愛之所以稀有的原因是，只有當恐懼不在時愛才能發生，在那之前是不可能的。也就是說，愛只會發生在靈性層次很高、深具宗教品質的人身上，每一個人都可以有性愛，每個人都可以做到與別人很熟稔，但不是所有人都能愛。

當你不害怕，也就沒什麼好遮掩的，於是你能夠敞開、收起所有的界限，可以邀請另一個人進入你的內在深處。

請記得，當你允許某個人深深地進入你，對方也同樣地會允許你深深地進入他或她，因為當你允許的時候，信任就發生了，當你不再害怕時，另一個人也不害怕了。

在你的愛裡面永遠有恐懼的成分，老公擔心老婆紅杏出牆，老婆怕老公在外面偷腥，情侶之間總是有一層害怕在，那樣不是愛，只是兩個懷著恐懼的人湊在一起，互相倚賴、爭吵、控制，利用對方，占據對方，但那不叫愛。

假如你能允許愛的發生，你就不需要祈禱，不需要靜心，不需要任何教堂、寺廟。假如你能愛，你可以將神忘卻，因為經由愛，所有的事會發生在你身上：靜心、祈禱、神，所有的一切都將會發生。當耶穌說愛是神時，祂指的就是這個意思。

然而愛並不容易，你必須丟掉恐懼。奇怪的是，你怕得要命，但你其實沒有東西可以失去。

神祕主義者卡比兒（Kabir）曾說過：「我看著人們……這也怕，那也怕，可是我看不出有什麼好怕的，因為他們根本沒什麼好損失的。」卡比兒說道：「就像一個沒穿衣服的人，從沒去河邊洗過澡，只因他擔心沒地方曬乾衣服。」這就是你的狀況：赤裸，沒有衣服穿，但總在擔心衣服。

你有什麼可以失去的？沒有，這個身體遲早會被死亡帶走，在那之前，何不將身體給愛？無論你擁有什麼都會被帶走，在被帶走以前，為什麼不與別人分享呢？那是唯一擁有的方式。假如你能分享和付出，你便是主人。早晚一切會被帶走，你無法永遠保有任何東西，因為死亡將會銷毀一切。

所以，假如你聽懂我的話，你知道我的建議是介於死亡和愛之間。倘若你能付出，則將不會有死亡，在一切被帶走以前，你已經給了出去，將它變成一項禮物送出去，如此死亡不可能存在。

對一個有愛的人，死亡並不存在；對一個無法愛的人，每一個片刻都是死亡，因為隨著每一個片刻的流逝，他身上的某些東西會被奪走，身體逐漸老去，接著死亡來臨，於是一切煙消雲散。

有什麼好恐懼的？為什麼你如此害怕？即使你的一切都為人所知，你就像一本被打開來閱讀的書一樣，為什麼害怕？你會有任何損失嗎？你必須遮遮掩掩，必須保護自己，這不過是社會加諸於你的錯誤觀念和制約，為了這些，你經常處於掙扎的心情，弄得好像每個人都是你的敵人一樣。

沒有人是你的敵人！就算你感覺某個人不喜歡你，他也不是你的敵人，因為每個人關心的只有他自己，而不是你，沒有什麼好怕的。在真正的關係發生前，你一定要了解這件事：「沒有什麼好怕的。」

當兩個核心相遇時，愛就發生了。愛是一種像鍊金術般的現象，如同氫跟氧碰在一起就會產生新的東西：水。你可以有氫，可以有氧，但要是你口渴的話，它們可是一點用處也沒有，就算吃下再多的氧，吞下再多的氫，也解不了你的渴。

當兩個中心相遇的時候，一種新的事物就產生了，那種新的事物就是愛。就像水一樣，你幾世以來的口渴終於獲得紓解，忽然間你有一種滿足感，這是愛看得見的徵兆，你變得心滿意足，宛如成就了一切，而現在再沒有什麼要去達成的。你已經到了目的地，沒有其他的目標要去追求，你履行了自己的命運，好比種子已然開花結果，而花朵已全部盛開。

你可以看得出這是愛的徵兆：深深的滿足感。當人在愛之中時，內在處於深深滿足的狀態。你無法看得見愛，但你看得出一種深深的滿足感包圍著他……他的每一個呼吸、每一個動作，他整個人都散發著滿足的氛圍。

或許你聽到會覺得驚訝，但我告訴你：愛使人的欲望消失。人是由於空虛才會有欲望；你渴望某件東西是因為你沒有擁有它，你的渴望是因為你以為擁有之後會覺得滿足，欲望是出於你的不滿足。

當愛在的時候，兩個中心相會，融入彼此，於是一種魔術般的新元素誕生：滿足感，彷彿整個地球停止轉動，唯一存在的只有當下這個片刻，然後你可以說：「這蛋糕真可口！」對一個在愛裡面的人來說，甚至連死亡都不足為道了。

無邊際的世界

愛是敞開進入一個沒有邊境、沒有盡頭的世界；愛只有開始，沒有結束。

記住一件事：頭腦通常會干涉，不允許愛的無限空間存在。如果你真懂得愛一個人，你會給他無限的空間，你的存在只是他成長的一個空間，你與他一同成長。但頭腦會介入，並企圖占據這個人，於是愛被摧毀了；頭腦很貪婪，因為它就是貪婪本身。

頭腦很具破壞力，假如你要進入愛的世界，就得丟掉頭腦，你必須脫離頭腦的干涉。

在某些領域裡，頭腦可以稱得上好用，譬如在商場上你就用得著，但說到愛你就不需要；當你在運籌帷幄時，頭腦可發揮作用，但當你要進入內在的世界時，就不必帶著；講到數學，你需要頭腦，講到靜心，則不需要，所以說頭腦是有用處的，但這是指對外在的世界。對內在的世界而言，頭腦一點都不重要，去愛得更多一點……不祈求任何回報的愛，成為愛本身，將自己敞開，去愛就對了。

鳥兒和樹，大地和星星，男人和女人，每個人都懂這個語言；在宇宙的語言中，很明確地只有一種語言存在，那語言便是愛；去成為那個語言，當你變成愛的時候，一個嶄新無際的世界將為你打開。

永遠記得，頭腦是使人們變得封閉的幫兇，它因恐懼而不敢敞開。當一個人愈不怕，表示他愈少用到頭腦；當一個人愈怕，表示他愈活在頭腦裡。

或許你已經觀察到，每當你害怕、感到焦慮困惑的時候，你的整個焦點都是在頭腦。當你不安的時候，你會發現頭腦占據了你整個人，而當你放鬆時，頭腦就不那麼活躍。

當事情進行得很順遂、沒有恐懼時，頭腦的活動就緩和下來；當遇到危急的狀況時，頭腦馬上起而當你的主人，它的角色很像政治人物。希特勒在自傳中提到，若想保住領導人的地位，你該置你國家的人民於恐懼當中，讓他們隨時擔心鄰國會來攻擊，告訴他們有國家正在策劃一場侵略計畫，而且很快就會發動攻擊。總之要不斷製造謠言，永遠不要讓他們有太平之日，因為當國泰民安時，沒人理會政治人物，這時政治人物沒有任何意義。只要讓人民經常處於恐慌之中，你就可以繼續當權。

每當有戰事時，政治人物就成了英雄，邱吉爾、希特勒、史達林、毛澤東這些人都是戰爭下的產物，要是沒有第二次世界大戰，你根本不會聽過這些名字。戰爭創造時局，給人們控制與成為領導人的機會，頭腦也是如此。

靜心不過是創造一個讓頭腦沒事可做的狀況，你什麼都不怕，感覺到深深的愛與寧靜。你覺得如此滿足，因為無論發生了什麼，頭腦都沒有說什麼，漸漸地，頭腦愈來愈止息，愈來愈放空。

直到有一天，頭腦完全地撤回，於是你變成了宇宙，不再受限於你的身體，不再受限於任何事情，你是純粹的空間。那就是神，神是純粹的空間。

愛是朝向那個純粹空間的道路，愛是方法，而神是結果。

人會害怕才表示有愛的能力，恐懼是愛的負面狀態。當愛不被允許流動時，就變成恐懼；當愛開始流動時，恐懼就不在。那就是為什麼在愛的當下你沒有恐懼，當你愛一個人時，突然間恐懼就不見了。在愛當中的人沒有恐懼，連死亡都不怕，也只有在愛當中的人能安詳無懼地死去。

不過，通常發生的情況是：當你愛得愈多，你愈感到恐懼，之所以女人比男人感到更害怕的原因即在於此，因為她們有更多潛力去愛。

在這個世界，你能落實愛的機會並不多，於是你的愛一直停滯在那裡，久而久之便變成負向能量。有可能變成嫉妒，那是恐懼的一部分；有可能變成占有欲，也是恐懼的一部分；有可能變成憎恨，那也是恐懼的一部分。

就是去愛，愛得更多更多，不帶條件地去愛，用一切可能的方式去愛，你能愛的方式有千萬種。

記住，勇敢並不代表沒有恐懼。一個人要是什麼都不怕，你並不能說他很勇敢；你不能說一台機器很勇敢，你只能說它沒有恐懼。只有在海洋般的恐懼中，勇敢才存在，就像是恐懼之洋當中的小島。會怕是正常的，但儘管如此，你依然去冒險，那就是勇敢。你怕得直發抖，害怕走進一片漆黑裡去，但你仍然往前走，不管自己有多怕，那正是勇敢的意義；並不是說你沒有恐懼，勇敢是當你充滿恐懼時，你還能不為所動。

當你進入愛的時候，你會有一個很大的疑問出現，接著恐懼占據你的靈魂，因為愛意謂著死亡，意謂著消融於另一個人當中，那是死亡，而且遠比一般的死亡來得更深。一般的死亡只是身體死去，在愛的死亡中，是自我死去。去愛需要很大的勇氣，你要有能力無視於周圍一切恐懼的聲音，依舊勇敢往愛前去。

你所冒的險愈大，成長的機會就愈大，所以，最能幫助人成長的莫過於愛。那些不敢去愛的人永遠長不大，唯有通過愛的火焰，你才能臻至成熟。

自然地去愛

愛的意識是一種自然狀態，它既不簡單也不困難——這些話其實一點都不適用於愛。愛不是一種努力，所以說它容易或困難都是錯的，愛就像呼吸！就像你的心跳，就像在你體內循環的血液。

愛是你的本質……可是愛卻變得幾乎不可能。社會不讓你愛，它灌輸你制約的方式，使得你不能去愛，而恨成了唯一的表達，所以恨變得很容易，愛不只是變困難而已，根本是不可能的，人類就是這樣失了真。假若人沒有先被扭曲變形的話，你想奴役他就沒那麼容易。政治人物與教會一直是奴役人類的共謀，他們使人失去叛逆的能力，人於是淪為奴隸。愛是一種反叛，因為愛只聽心的話，一點都不在乎其他聲音。

愛是危險的，因為你會因此而變成一個獨立的個體。而國家與教堂……不要獨立的個人存在，只要小綿羊；他們所要的是看上去長得像人類的人，這些人的靈魂必須徹底地經過破壞，而且，損毀的程度必須到了已經不能修復的地步。

要毀掉人類的最佳方式就是，摧毀他們愛的自然能力。當人類有愛的時候，國家就會消失，恨才是國家立足的基礎。印度人恨巴基斯坦人，巴基斯坦人恨印度人，就是因為這樣這兩個國家才能存在。當愛在的時候，界限就不在；當愛在的時候，誰會去做基督教徒，誰會去做猶太教徒呢？當愛在的時候，宗教就不在。

當愛在的時候，還有誰要上教堂？為了什麼呢？就是因為沒有愛，你才會想找神，神不過是你的替代品，因為你沒有愛。因為你不快樂、不得安寧，你才想到神。不然，誰會想到祂？誰會在乎祂？假如你的生命是一場歡舞，你就已經到達神所在的地方，愛的心正是神的體現，你不必再追尋什麼，不需要祈禱，不用上教堂，不需要神父。

所以說，教會與政治人物是人類的敵人，他們心裡盤算的是同一件陰謀，政治人物想主宰你的身體，教會想主宰你的靈魂，而主宰的祕訣是一樣的：摧毀愛。如此一來，人不過成了一個空殼子，一個沒有意義的生存體，於是你可以對他們為所欲為，沒有人會反抗，沒有人有足夠的勇氣叛逆。

愛給你勇氣，將恐懼一掃而光。想壓迫你的人運用的正是你的恐懼，他們在你內在創造各式各樣的恐懼，用恐懼將你團團圍住，表面上你假裝得很好，但骨子裡卻因恐懼而動彈不得。

滿心恐懼的人只能恨而不能愛，恨是恐懼的自然產物。滿心恐懼的人通常也有一肚子憤怒，他對生命的反對多過於支持，看來死亡對充滿恐懼的人而言是最佳的棲所，因為恐懼的人無異是否定生命的，生命對他來說似乎是危險的，因為要活著表示你要去愛，不然你怎麼活下去？正如同身體需要呼吸才能活下去，靈魂需要愛才能活下去，可是愛已被徹底污染了。

他們毒化你愛的能量，在你內在創造出一個敵人，將你一分為二，使你永遠處於自己內在的衝突當中，衝突使你的能量耗竭，所以你的生命不得安寧、毫無生氣。不能愛的生命不是滿溢的流動，而是呆滯乏味的。

愛會使你更聰明，恐懼則使你變笨，誰會希望你很聰明？絕不會是那些當權的人，他們怎麼會希望見到你很聰明？若你很聰明的話，你會看出他們的伎倆，會看穿他們玩的把戲。他們要你做個愚蠢的普通人，如果講到工作，他們要你很有效率，但不可以太聰明。就是因為這樣，人類才會活在最低限度的潛能當中。

科學研究指出，一般人只使用到個人潛能的百分之五而已。那像愛因斯坦、莫札特、貝多芬這些不平凡的人呢？研究上說，連那些才華出眾的人，他們所使用到的潛能都不到百分之十，而那些我們叫做天才的人，也只用到百分之十五而已。

想像一個人人都用到百分之百潛能的世界……神將會很羨慕，祂會希望降生於凡間，於是凡間就變成天堂，一個超級天堂，眼前的凡間是個地獄。

如果人沒有被污染，愛其實是一件再簡單不過的事，根本不是問題，就像水往下流，蒸氣向上揮發一樣；像樹會開花，鳥會唱歌一般，一切是如此自然而然地發生。

可是人難逃被污染的命運。孩子一出世，就立刻面臨能量被打壓的命運，他被壓迫的程度之深，使得他將永無翻身的機會：既不知道他所過的生命不叫生命，也不知道他的生命是一個合成的塑膠品，並沒有活出真正的靈魂。於是乎，你看到許多人過得不快樂，因為他們或多或少可以感覺得到，他們沒有一種對自己的歸屬感。

要是小孩子能被支持以自然的方式成長的話，愛其實再單純不過。我們應該幫助孩子與大自然、與他自己能自在共處，應該鼓勵孩子做他自己，成為自己的光，那麼一來，愛是很容易的，孩子自然而然就是愛！

憎恨幾乎是不可能的，因為在你恨任何人之前，你必須先在你內在製造恨的毒素。

唯有你有某樣東西，你才能將這樣東西給別人，唯有你充滿怨恨，你才能去恨。而滿懷怨恨的感覺就像是置身地獄的烈焰當中，你將自己燒得遍體鱗傷，在傷別人之前，你必先自傷。

別人或許並不會受傷，那得視當事人而定，但確定的是：在你能恨別人以前，你自己要先經歷一段漫長的煎熬與折磨。別人或許不會接受你的恨，說不定他會拒絕你的恨。他也許是個佛，只會對你的舉動一笑置之。他會原諒你，除此之外沒有其他反應。假如他沒有反應的話，你就傷不到他，假如他不動如山，你能怎麼辦？在他面前你只會覺得自己很無能罷了。

別人未必會受傷，但有件事是必然的：在你恨某人之前，你必須先經歷靈魂上多端的折磨，內在必須先充滿恨的素毒，然後才能將毒素丟給別人。

恨是不自然的。愛是健康的狀態，恨是不健康的狀態，就像生病是不自然的狀態一樣。當你偏離自然的軌道，當你與存在不再和諧，當你與最核心的自己不再和諧，你就會生病：心理上、靈魂上的病，恨不過是疾病的徵兆。

愛該是最自然不過的了，可事實上卻不是這樣。相反的，愛變成最困難的事，幾乎是不可能的事，而恨卻變得易如反掌，因為你被訓練成去恨。當一名印度教徒表示他會恨回教徒、基督教徒、猶太教徒；當一名基督教徒表示他會恨其他宗教的人；當一個國家主義者表示他會恨其他國家的人。

你只知道一種愛的方式，那就是去恨別人。唯有藉由恨其他國家，你才能表現對自己國家的愛；唯有藉由恨其他教堂，你才能表現對自己上的那間教堂的愛，真是本末倒置！

這些所謂的宗教一面在談愛，一面所做的卻是製造更多的恨。基督教談論愛，但他們掀起許多戰爭；回教也講愛，但他們也發動不少宗教戰爭；印度教講愛，但你可以看到他們的經書上充斥著對其他宗教的恨，而我們卻照單全收這些垃圾！我們不假思索就照單全收，因為我們被教導去接受這些東西，我們的自然本性就這樣被抹殺了。

愛沒有被摧毀，只是被毒化。你可以將毒素從你的系統中一一清除，你可以將社會加諸給你的全部吐出來，可以丟掉全部的信條，所有的制約，你可以自由！如果你決定要自由的話，社會就無法永遠奴役你。

該是時候了，拋掉一切既有模式，展開全新的生活，這樣的生活非常自然，沒有壓抑，你不必棄俗，而是快樂地進入生活，漸漸的，就算你想去恨都難。恨是愛的相對，如同生病是健康的相對，你不必選擇生病。

生病有幾項好處是健康所不能提供的，但別執著於那些好處；恨也有幾項好處是愛所不能及的，你要非常小心。生病的人能博取別人的同情，沒有人會傷害一個生病的人，大家說話都會很謹慎，因為他病了，他成了眾人矚目的焦點，變成核心人物。要是他開始太執著於這樣的關注——這讓他的自我很滿足——他會不想恢復健康，會想繼續病下去。心理學家說，有許多人會因為喜歡生病帶來的好處而使得病好不起來，他們長期處於生病的狀態，完全不知道是自己抓著病不放。他們深怕如果恢復健康的話，就沒有人要理自己了。

你也在助長這種事。當小孩生病時，全家人對他無微不至，這種舉動實在很不科學。其實只要照顧好他的身體，用不著對他過於關注，這樣做很危險，因為如果同樣的事發生個幾回，小孩會將生病與你的關注聯想在一起……。

每當小孩生病時，他變成全家人矚目的焦點：爸爸會來坐在他的身邊，問他的身體有沒有好一點；醫生會來看他；過一會兒，鄰居也開始來探望，親友會詢問，甚至帶小禮物來給他……他接收到過多的注意力，這可能使他的自我感覺很好，以致於不想恢復健康。要是這種情形發生，康復的機率便很渺茫，藥物也幫不上忙，因為現在是他自己堅持要生病的，大多數人的病都是這種情形。

當你恨的時候，你的自我覺得很滿足；唯有恨使得自我存在，因為當你恨的時候，你有一種優越感；當你恨的時候，你與另一個人是分開的，於是你有一個清晰的身分。當你愛的時候，自我必須消失；當你愛的時候，你與另一個人是一體的。愛幫助你消融進入對方，愛是一種相遇與融合。

假如你很執著於自我，恨對你而言會比愛來得容易。要警覺，要謹慎：恨是自我的陰影。愛需要絕大的勇氣，原因在於你需要犧牲你的自我。唯一具備愛的能力的人，是那些可以放得下自我的人；唯一能夠接受愛的禮物的人，那來自彼岸的禮物，是那些能完全掏空自己，甘做一個什麼都不是的人。

世上最需要勇氣的，

莫過於當一個獨立的個人。

你需要接受無懼的基礎訓練：

就算全世界的人都視我為怪胎也沒關係，

重要的是我自己的經驗是真實的。

第四章　勇於單獨

靜心不過是能夠安靜與單獨的勇氣。

慢慢地，慢慢地，你開始在自己身上察覺出一份新的品質，一種新的活力，新的美感，新的智慧。不是從別人那裡借來的，是從你內在之中滋長，根就在你的本質裡。

假如你不是怯懦膽小之人，開花結果的時節自會降臨。

沒有人的樣子是存在要他成為的樣子。社會、文化、宗教、學校由於握有權力，往往扼殺了孩子的童貞；小孩是無助的，他倚賴著外在的一切，所以要將他塑造成什麼樣子都可以。他們不讓他按照自然的方式成長，處心積慮要將他變成一個「有用的人」，如果任由孩子自行成長，誰曉得他將來對這個社會是否有任何用處？社會當然不願承受這種風險，一把抓住孩子就開始將他打造成符合它所需求的樣子。

從某個角度來說，這等於是扼殺孩子的靈魂，然後給他一個錯誤的身分，所以他永遠不會想念他的靈魂、他的存在，這假的身分是一個替代品。可是，假的身分只有在當初給你這個身分的同一群人中才好用，當你一個人的時候，這假的身分開始散落，被壓抑的真實面目開始展露出來，所以你才會怕單獨一個人。

沒有人喜歡自己孤伶伶一個人，大家都想要隸屬於某個群體，還不只一群，是很多群，宗教團體、政黨、扶輪社……還有許多其他的小團體。你一天二十四個小時都需要團體的支持，因為一旦失去支持，那虛假的身分就會粉碎。每當你一個人的時候，會有一種奇怪的感覺，這麼多年以來，你以為自己是某個人，突然間在你一個人的時候，你卻發現你不是自己所以為的那個人，這樣的瘋狂讓你感到害怕：那你是誰？

多年來的壓抑……使真實的身分要花點時間才會現身。神祕主義者稱真假身分之間的鴻溝為「靈魂的暗夜」，是非常恰當的說法。你不再是那假的身分，但你也還不是真實的自己，你處在一個模糊的狀態中，不知道自己是誰。

西方人的問題甚至還更複雜，因為他們尚未發展出任何方法來發現真實的自己，好讓靈魂的暗夜趁早結束，西方對靜心還一無所知。

靜心其實只是一個靜下來獨處的空間，在等待中，真實的自己於焉展露。靜心不是一種作為，而是靜靜地放鬆，因為，你的所作所為都是出於你的假人格；多年來所有你曾做過的事，都是來自人格的舊習慣。

要革除舊習慣十分不易，這麼多年來，你戴著假人格面具在過活，這面具是你所愛、所敬重的人給你戴上的……他們這麼做並非出於惡意，他們的出發點是好的，但沒有意識到自己在做什麼。這些人沒有意識：你的父母親、老師、牧師、政治人物，他們都毫無意識。當一個人無意識，即使是出於善意，這善意也會變成有害的毒。

所以每當你一個人獨處時，便會感到很深的恐懼，因為忽然間虛假的人格開始消散，而真實的身分要花點時間才會出現。你已經失去它太多年了，不得不考慮一個事實，那就是去填補這麼多年的空隙需要時間。

在恐懼之中你會有這些感覺：我正在失去我自己，我的判斷能力，我的理智，我的頭腦，我的一切……因為別人所給你的「自己」，包含的就是這些東西。看來你就快瘋了，於是你趕緊找事情做，好讓自己有得忙，要是沒有別人，最起碼有點事做，於是假的身分繼續忙碌，就不會消失不見。

所以，人們最怕的就是假期。從星期一到星期五，他們都在期盼週末能輕鬆一下，但週末卻是全世界最糟的時間，週末有更多的意外事故，有更多的人自殺，更多謀殺、偷竊、強暴事件發生。

真奇怪……這些人在要工作的五天裡，一切都好好的，可是一到了週末，他們有了選擇的機會，要不是找事做，就是放鬆一下，但他們的放鬆是很可怕的，因為假的人格會消失，還是有點事做好，什麼蠢事都行。有的人去海灘，所以你可以看到往海灘的路上車水馬龍，而如果你問他們要去哪裡，他們說：「遠離人群」——明明是一群人跟他們在一起！而所有的人都要找一處僻靜的地方。

事實上，如果他們待在家裡不出門的話，會更孤單，更沒有話說，因為所有傻瓜都出門去找一個遠離人群的地方。他們匆匆忙忙地趕出門，因為兩天假期一下子就過去了，他們要早點到那裡——不管是哪裡。

在海灘上，你會看到……到處都是人，到街上看都沒這麼擁擠。奇怪的是，他們個個輕鬆自在地做日光浴，上萬名遊客擠在一個小小的海灘做日光浴，還挺悠哉的。要是只有一個人在那裡，我想這個人大概沒辦法放鬆；但是由於他知道有其他許多人在他身邊，大家都在放鬆，這些是待在辦公室的同一群人，也是走在街上的同一群人，現在這群人都出現在海灘上。

假的自我靠的是大眾才能存活，當它被獨自留下的時候，你就會開始覺得侷促不安。想靜心的人必須了解這一點。

別擔心，會消失的表示可以讓它消失，抓著它也沒什麼意思，反正它不屬於你，它也不是你。當假的身分遠去之後，那個沒有被污染的清新赤子將會自行出現。沒有人能回答你的問題：「我是誰？」時候到了你自然就會知道。

所有靜心技巧的功用，不是為了給你真實的身分，而是協助你撤銷假的身分，你無法給任何人他的真實身分。要是有任何方法能給你真實的身分，那就不是真的。你早就擁有了，只差你必須把假的那一層掀去。

換個方式說：師父會將不屬於你的東西拿走，給你本來就是你的東西。

靜心不過是能夠安靜與單獨的勇氣，慢慢地，慢慢地，你開始在自己身上覺察出一份新的品質，一種新的活力，新的美感，新的智慧。不是從別人那裡借來的，是從你內在之中滋長，根就在你的本質裡。假如你不是怯懦膽小之人，開花結果的時節自會降臨。

唯有勇敢、有膽識之人才具有宗教品質，那些定期上教堂的人，還有印度教徒、回教徒、基督教徒，這些人是不敢追尋真理的膽小鬼，他們把假的身分抓得緊緊的。

在你出生之時，你充滿了生命力、意識，是那般的敏感細膩。看看小孩充滿新奇的雙眼你就知道！只可惜，遲早一切都會被虛假的人格給掩蓋了。

沒什麼好怕的，你能失去的也只有那該失去的，趁早失去才好，因為它待得愈久，就會變得愈頑強。而且你不知道明天會發生什麼事，不要在你明白真實的自己前就先死了。

能以真實身分活過，而且能以真實身分死去的人，是這世上唯一的幸運兒，因為他們知道生命是永恆的，死亡是幻象。

服從多數的策略

社會對你有很深的期望，期望你跟別人表現得一個樣，只要你有一丁點特立獨行，馬上就會被當成怪異人士，大家都很怕這種人。

所以你會見到一個現象：兩個坐在公車或火車上的人，或是一起在公車站等車的兩個人，他們沒辦法只是靜靜地坐著，因為就那樣一言不發地坐著，他們等於是陌生人。通常，人們會忙不迭地開始互相自我介紹：請教貴姓大名？你要去哪裡？你在哪裡高就？這一類的問題……然後他們一顆心才定下來，知道你和他們沒什麼兩樣。

人們總是喜歡待在自己感覺合得來的團體裡，要是你的言行舉止有異於平常，大家就開始起疑心，以為你是不是哪裡不對勁。他們都認識你，所以都看得出你的不同，他們所認識的你，是你沒有接受自己的樣子，現在轉眼間，他們看見你接受了自己的樣子。

在這個社會上，沒有人接受他自己的樣子，每個人都對自己有所批評，這是社會的生活形態：譴責你自己。如果你不是這樣的人，如果你接受你自己，你反而成為社會的邊緣人；社會不容許這種人的存在，因為社會是靠多數人支持下去的，這就是數字的策略，當大多數人都是這樣時，人們就覺得很好，因為人數多的時候，人們會覺得自己一定是對的：一定錯不了，有成千上萬的人跟他們一樣。假如只有他一個人，他會開始懷疑：都沒有人像我一樣，怎麼知道我是對的？

所以我才說，這世上最需要勇氣的，莫過於當一個獨立的個人。

在你做為一名獨立的個人之前，你需要接受無懼的基礎訓練：「就算全世界的人都視我為怪胎也沒關係，重要的是我自己的經驗是真實的。不管有多少人站在我這邊，我只看我的經驗是否為真：看我是否像隻鸚鵡一樣在重述別人的話，還是說我自己的經驗。若是根據我的血汗經驗，則即使全世界的人站在同一陣線上，我還是知道我是對的，他們是錯的。我不需要他們投票贊成才能覺得自己是對的，只有沒主見的人才需要別人的扶持。」

很遺憾，人類的社會就靠把你關在柵欄裡而得以運作，柵欄裡的人若是擺著一張哭喪的臉，你也得跟著做出一張哭喪的臉，不管他們怎麼樣，你要跟他們一樣就對了，你不准跟別人不同，不然遲早你會變成獨立的個人。社會最怕的就是這種人，因為那表示有個人要走出這個柵欄，自行獨立去了，而他一點都不在乎柵欄裡的那群人。你們的神、寺廟、神父、經書，這一些東西對他不再有任何意義了。

現在他有自己的存在、自己的方式，不管是要生、要死，要慶祝或唱歌跳舞，他都可以活出自己的風格，他已經回到家了。

你沒辦法帶個膽小鬼跟你回家，唯有當你單獨一個人時，你才能回家。

傾聽內在感官

話說有個小男孩，常常用手抓自己的頭，有一天，他爸爸看著他又在抓頭時，忍不住問他：「我說兒子啊，你幹嘛沒事老在抓頭呢？」

「這個嘛，」做兒子的回答，「我想那是因為我是唯一知道我的頭在發癢的人。」

這談的就是你的內在感官！知道的人只有你，別人無從發現起，光從表面是看不出來的。你頭痛時只有你知道，你無法提出證明；你快樂時也只有你知道，你無法提出證明，你不能將你的頭痛或快樂攤在桌面上，供別人觀察剖析一番。

事實上，內在感官來自你內在深處，你甚至沒辦法證明它的存在，這是科學之所以不承認它的原因。但這樣做很不人道，因為即使是科學家本身，當他感受到愛的時候，他內在會有個感覺，是有什麼在那裡！那既非東西，也無法拿出來給別人看，但是確實存在。

內在感官有自己的生命，可是科學的訓練使人們對內在感官失去信任，他們寧可相信別人。你是如此倚賴別人，要是有人對你說：「你看起來很快樂。」你也就開始覺得自己是快樂的。假如有二十個人決定要讓你不好過，你就會不好過；他們只需要整天對你講一樣的話，每當他們看到你的時候，只消對你說：「你看起來一副沮喪的樣子，怎麼啦？是誰過世還是怎麼樣？」你於是開始懷疑：這麼多人都說你不快樂，大概是真的。

你對別人的意見是那般深信不疑，你的內在感官已經失去感覺，你必須重新發掘你的內在感官，因為一切美麗、神聖的事物，只有內在感官才能感受得到。

別再受他人說的話影響，開始往內在去看……讓你的內在感官對你說話，信任它。如果你信任它，就等於給它支持，它將會成長茁壯。

拉瑪克里希那的門徒味味克阿南達（Vivekananda）跑去找拉瑪克里希那（Ramakrishna），對他說：「神不存在！我可以證明沒有神的存在。」他是個凡事講求邏輯的懷疑論者，在西方受過相當的哲學訓練，而拉瑪克里希那則是大字都不識一個的文盲。於是，拉瑪克里希那說：「這樣啊，那你證明給我看。」

味味克阿南達開始滔滔不絕，舉出他所有的證明，拉瑪克里希那聽完後說：「可是我心裡的感覺告訴我神是存在的，心裡的聲音對我來說是最高的權威。你所說的那些只是理論，你有沒有聽聽你的感覺是什麼？」

味味克阿南達還真沒想過這回事，他聳聳肩表示不知道。他讀過很多書，蒐集了不少論點，正面和反面的都有，他試著根據蒐集到的資料去決定神存在與否，卻從來沒有往自己的內在看過，從沒問過自己的內在感官。

懷疑論者的頭腦是愚蠢的，儘管他的邏輯聽起來頭頭是道。

拉瑪克里希那說：「你的立論很精采，我很欣賞。但是不管怎樣，我就是知道，我內在的聲音說祂存在，好比我的內在告訴我，現在我很開心、今天我不舒服，或我感到低潮、胃痛等等，我的內在感官現在說『神存在』，根本沒有我爭辯的餘地。」

他繼續說道：「我是不能證明什麼，但是如果你要的話，我可以讓你看看。」從沒有人告訴味味克阿南達可以看到神，就在他還沒來得及說什麼時，拉瑪克里希那——他這個人有點瘋狂——一腳踢在他的胸口上！有三小時的時間，味味克阿南達陷入一陣恍惚的出神狀態，他感覺到有一股能量進入他體內，當他再度睜開眼睛時，好像換了一個人似的。

拉瑪克里希那說：「現在你怎麼說？神在或是不在？你的內在感官怎麼說？」

他以前都不曾感受過這樣的沉穩與寧靜，內在有一份慶祝在發生著，他覺得自己好幸福好幸福……他禁不住向拉瑪克里希那頂禮並觸摸他的腳，他說：「是的，神是存在的。」

神不是一個人，而是終極的幸福感，你有一種回到家的感覺：我屬於這世界，這世界也屬於我，我不是異鄉的遊子，也非局外人。最終的感覺，是存在性的感覺——「整體與我之間並無距離」。這樣的體驗就是神，不過，唯有當你啟用內在感官時，你才有機會體驗神。

開始讓你的內在感官運作起來！給它愈多機會愈好，別老是尋求權威倚靠，別問他人的意見，讓自己獨立一點，多用感覺，少用思考。

去看一朵玫瑰花，不要像隻鸚鵡一樣馬上說：「好漂亮的一朵花。」這樣的話可能是你從小就聽來的，於是每當你看到玫瑰花時，你就重複一樣的話，你真的是這樣覺得嗎？那是出於你內在的感覺嗎？如果不是的話，就別說出口。

看著月亮時，別說它很美，除非那是你的感覺。你會驚訝地發現，你腦袋裡所裝的東西，單單借來的就占了百分之九十九；換句話說，你腦袋裡有百分之九十九的東西是沒有用的垃圾。而在那百分之九十九裡面，有百分之一是你的內在感官，這個部分也已經失去了。丟掉一切你所知道的，重新發現你的內在感官。

透過內在感官，你才能知道神。

的確有所謂的「第六感」。外在有五種感官，可以告訴你外在世界的訊息，例如眼睛使你看見光，耳朵使你聽得見聲音。而第六感：內在的感官將會告訴你，關於你自己以及事物的終極根源（the ultimate source），這個感官有待被重新發掘。

靜心就是發現你的內在感官。

世上最深的恐懼，就是對他人意見的畏懼。當你根本不甩別人說什麼的時候，你就不再是小綿羊，你搖身一變為獅子，從心裡發出一聲怒吼，那是自己的怒吼。

佛陀叫這做「獅子吼」（lion's roar），當一個人置身全然寧靜的境界時，他會發出如獅子般的怒吼，他將首度了解自由的真義，因為現在他不怕任何人的意見，別人說什麼他都無動於衷。不管別人說他是聖人或是罪人都不要緊，你唯一的審判是神，神不是一個人，神意謂著整個宇宙。

你要去面對的不是一個人，你要面對的是樹木、河流、山脈、星星，是整個宇宙。這是我們的宇宙，我們是它的一部分，不需要感到害怕，不需要隱瞞些什麼，其實就算你想隱瞞也不可能，整體早就知曉了，它比你還能洞悉你自己。

接下來這一點更重要：神已經做下審判。審判不是將來才會發生的事，它已經發生了，神已做了審判，就算你不再怕最後審判日的到來也沒用。在神創造你的第一天時，就已經對你做下審判，祂了解你，因為你是祂所創造的，如果你出了什麼差錯，祂是要負責的人，不是你；如果你誤入歧途，該負責的人是祂不是你。你怎麼負責？又不是你創造出自己的？假如你創作了一幅畫，而畫出了問題，你不能說是那幅畫的錯，作畫的人才是罪魁禍首。

所以，不用怕別人說什麼，也不用怕最後審判日時，你想像中的神會問你做了些什麼，或沒做過什麼。祂已經審判完畢，這很具意義：審判已經完畢，你已經自由了。

當你知道你可以自在自在地做自己時，你將會變得生趣盎然。恐懼會綑綁住你，自由則給你翅膀飛翔。

內求而來的自由

永遠不要從逃避的角度來思考自由，要用追求的眼光來看待自由，這兩者的差別甚鉅。不要從逃避的觀點來想自由，要從追求的觀點去想，為了追求神而自由，為了追求真理而自由，不要想你若能逃離人群或教堂，逃離這或那的，你就能夠自由。或許你躲得了一朝一夕，但躲不了一世，逃避是一種壓抑。

為什麼你那麼怕人群？如果說他們是一股拉力，你的恐懼只會顯示你被拉走、你被吸引，無論你走到哪裡，都會被人群的意見所主宰。

我要說的只是去看看自由的實際面，根本不需要去考量外面那大多數的人。唯一要想的是你自己，現在就可以放下別人，只要你還有掙扎就無法自由。你可以放得下的，因為一點都沒有掙扎的必要。

別人不是問題，你才是問題所在。不是別人在拉你，是你自己被拉走，而且不是被誰拉走的，是被你自己無意識裡的制約給拉走的。千萬不要將責任丟給別人，不然你永無自由之日。追根究柢來說，那到底是你的責任，為什麼要那麼敵視人群？他們還真無辜！而你又為何要帶這種傷在身上？

除非你合作，不然別人不能對你怎麼樣，所以問題在於你是否合作。你可以現在就停止合作，就這麼簡單，假如你訴諸努力，你會很累，所以馬上就停止合作，當你自然而然了解這個道理時，這是瞬間就可以辦到的事。你知道去和人群對立是沒有意義的，不但是在打一場贏不了的仗，而且還凸顯了人群的強大。

這種事發生在無數人身上。某個人想逃開女人——在印度這樣的事發生了幾世紀——然後，他滿腦子揮之不去的反而是女人；有的人想擺脫性，結果，他整天所想的只有性；有人斷食、不睡覺；有人練瑜伽式呼吸……有的沒有的一堆。愈跟性對抗的人，就愈會想到性，到最後性變成無所不在。

基督教修道院裡就是這樣，那些人壓抑之深，讓他們成天提心吊膽的。如果你太怕眾人的想法與意見的話，這種事也會發生在你身上。別人並不能對你怎樣，除非有你的配合，所以就看你有沒有警覺心了，不要跟他們合作！

這是我的觀察：無論發生了什麼事，都是你的責任，沒有誰對你做了任何事，是你要它發生，它才發生。某個人利用你，那是你要被人家利用；某個人讓你關進監牢，那是因為你自己要被監禁，一定是你自找的，說不定以前你常說住牢裡很安全。你的說法或許不一樣，但你一定嚮往能吃到牢飯，因為在牢裡很安全。

不過，不要去搥牢房裡的牆壁，往自己內在看，看清楚是自己想要安全感。看自己是如何被群體的力量所左右，必定是你想從別人那裡要點什麼：認同、榮耀、尊重，當你要這些時，你也要付出代價。別人說：「那好，我們給你尊重，你給我們你的自由。」這場交易很簡單，可是其實別人什麼也沒對你做，基本上都是你在自導自演，所以幫幫你自己的忙吧！

尋找本來面目

只要做你自己，一點都不要在乎別人，你會在心中感到無比的輕鬆與深深的寧靜，禪宗叫這做「本來面目」：放鬆、沒有緊張、沒有假裝、不做作，沒有什麼該與不該。「本來面目」是種詩意的表達，不是說你會有另一張臉叫「本來面目」，那是同一張臉孔，只是沒了緊張，沒有批判；同樣一張臉孔，只是不再看不起別人；同一張臉孔，帶著這些新的價值，這就是你的本來面目。

俗話說得好：許多人之所以會變成英雄，是因為他們沒有勇氣做懦夫。

假如你是一個懦夫，有什麼不對？非常好！這世界需要懦夫，不然哪裡來的英雄？這樣的人為創造英雄提供了背景，沒有他們，就沒有英雄。

做你自己，不管你是什麼樣的人。麻煩就出在以前從沒有人對你講這種話，每個人都要管別人閒事，告訴你該這樣或該那樣，連小事都不放過你。

在學校裡……我那時還只是小男孩，可是我非常痛恨別人來告訴我該怎麼做，老師們於是會收買我：「如果你乖乖的，你就可以當天才。」

我說：「誰稀罕當天才？我只要當我自己。」我以前常在坐著的時候把腳翹在桌上，看到的老師都覺得我目無尊長，他們會說：「這成何體統？」

「這是我和桌子的事，桌子都沒說什麼，你們幹嘛那麼生氣？我又不是把我的腳翹在你頭上！你該跟我一樣放輕鬆，而且這種坐姿可以幫助我更了解你上課所胡扯的東西。」我答。

在教室的其中一邊有扇很美的窗子，外面是花草樹木，還有小鳥和孔雀穿梭於其間。

大部分的時間我都在看窗外的景致，老師會走過來說：「你為什麼不乾脆待在家裡就好？」

我說：「因為我家沒有像這樣的窗戶，這扇窗可以看到整片天空，而且我家的房子周圍看不到孔雀和小鳥。我住在市區，附近都是房子，小鳥不去那麼擁擠的地方，孔雀也不會想唱歌給那裡的人聽。」

「不要以為我在這裡是為了上你的課！我付了學費，你只是一個僕人，記住這一點。如果我這科沒過，我沒有什麼怨言，更不會覺得難過。但是如果這一整年，我必須假裝在聽你上課，而其實我是在欣賞窗外的風光，那我的生命就是虛偽的，我才不要做一個假惺惺的人。」

不管大小事，你的老師、教授們總要你按照他們的意思做。在那個時代，學校規定學生要戴帽子，我並不討厭戴帽子，自從離開大學之後我就開始戴帽子，但在那之前我沒戴過帽子。我的第一位老師有點為我擔心，他說：「你這樣是在擾亂學校的秩序，你的帽子呢？」

我說：「將校規拿來看，看上面是否有提到所有的男生都規定要戴帽子，如果沒有的話，你這是在違反校規。」

他帶我去見校長，我告訴校長：「我都準備好了，只要告訴我校規裡哪一條寫著學生該戴帽子，如果戴帽子是強制規定，我也許甚至會轉學，但先給我看校規。」

校規並無明文規定這一項。我說：「你能給我一些合理的理由，說明為什麼要戴帽子嗎？戴帽子會讓我更聰明？還是讓我命更長？我會變得比較健康嗎？」我又說：「據我所知，孟加拉省（Bengal）是全印度唯一沒有規定戴帽子的地方，那裡的人也是最聰明的。旁遮普省（Punjab）正好相反，那裡的人以頭巾當作帽子，看上去你以為是他們怕自己的聰明會溜走，所以用大頭巾將他們的頭包住。那一省的人是全印度最笨的人。」

校長說：「你的話似乎是有那麼一點道理，但戴帽子是學校的規定，如果你不戴的話，別人也跟著不戴。」

我說：「那有什麼好怕的，只要取消這個傳統的規定不就好了？」

就算明知道是沒有意義的事，別人也仍要強迫你去做。

小時候我留的是長頭髮，那時我常常在我爸爸店裡進進出出，因為他的店和我們家房子是相連的，房子位於店面的後方，所以出去總要經過店裡。客人看到我會問：「這是誰的女兒？」因為我的頭髮太長了，他們沒想到一個男孩會留那麼長的頭髮。

我爸爸老是為這件事覺得很難堪，他尷尬地說：「他是男生。」

「可是，」他們說，「怎麼頭髮那麼長？」

有一天——通常他不是那個樣子——因為我的長髮，他又被惹火了，他握著平常店裡剪布用的剪刀，親自動手剪了我的頭髮。我一言不發地讓他剪，這倒令他沒想到，他說：「你什麼話都不想說嗎？」

我回答：「我自有我的方式說。」

「這是什麼意思？」

我說：「你等著看。」我跑去我家對面的理髮店，那個理髮的老師傅對鴉片上癮，是那一帶我唯一敬重的人。那裡有一整排的理髮店，但我只對那個老師傅情有獨鍾，他是一個很特別的人物，而且他也很喜歡我，我每次跟他一聊就聊好幾個小時。

我去找他，告訴他：「幫我理個光頭。」在印度，只有當你父親過世時，你才理光頭，連他這個有鴉片癮的人，也突然神智清醒過來幾秒鐘，他說：「發生什麼事？是令尊過世了嗎？」

我回答他：「別管那麼多，只要照我的話做就對了，把我的頭髮都理光。」

於是老師傅說：「說得也對，那不關我的事，過世就過世了。」

所以我頂了一個光頭回家。經過店裡的時候，我爸爸看到我的樣子，其他的客人當然也看到了，他們問：「怎麼回事？這男孩是誰的兒子？他父親過世了。」

我爸爸說：「他是我兒子，而且我沒死！我就知道他會搞事端，他早告訴過我了。」

不管我走到哪裡，人們會關心地問：「怎麼了？你爸還好端端的啊？」

我說：「人在任何年紀都可能會死，你關心的是我爸，不是我的頭髮。」

從那之後，我父親再也沒對我做過任何事，因為他知道我所說的話很危險！我告訴他：「這是你造成的，有什麼難堪的呢？你可以說：『她是我女兒。』我又不會反對，但你不該用那樣暴力、野蠻的方式干涉我，一句話都沒說就直接剪掉我的頭髮。」

沒有人讓別人做他自己。那些別人告訴你的想法已經在你腦子裡扎了根，變成像是你的想法一樣。只要放輕鬆，將那些制約忘掉，讓它們就像枯葉從樹上掉落一樣離開你，寧可做一棵光禿禿的樹，也不要有塑膠做的枝葉和花朵插在身上，那樣很醜陋。

本來面目的意思是：你不受制於任何的道德、宗教、社會、父母親、老師、神父，你不受制於任何人，只根據你的內在感官去過你的生活，用自己的敏感度，你將找到本來面目。

去過冒險的生活，

我指的不單是身體層面的危險，

還有心理上的危險，最後是靈魂上的冒險。

過冒險式的生活才表示你有活出你的生命，

生命要在危險中才能開花。

第五章　冒險生活的樂趣

勇敢的人腳程總是比別人快一步，主動尋找所有可以冒險的機會。他們的人生觀不像保險公司，而是像登山者、滑翔機駕駛者和衝浪者，而且衝浪的範圍不只是外面的海洋，還有自己內在最深處的海洋；攀登的不只是外在的阿爾卑斯山和喜馬拉雅山，還探索內在最高處的山峰。

過冒險式的生活才表示你有活出你的生命，如果不是這樣的話，代表你還沒有活過；生命要在危險中才能開花，在安全的環境中無法開花。

當你的生活進入安穩時，你開始變成一灘死水，能量不再流動，然後你心生畏怯……因為你不知道如何走進未知，又為了什麼要冒這種險？已知的事物比較安全，於是你開始執著於既有的一切，那些是你已經覺得很煩、很無趣、很不快活的一切。可是再怎麼說，它們還是看起來熟悉安全多了，至少你知道那些是什麼，未知則令你害怕，光是想到你就覺得不安全。

世上只有兩種人，第一種是想過得舒服無虞的人，他們要的是一座舒服的墳墓。第二種人是想活著的人，他們選擇冒險式的生活，因為唯有那樣生命才會愈加茁壯。

你去爬過高山嗎？當你爬到愈高的地方，你整個人反而覺得愈清新，當跌落深淵的危險近在咫尺，你反而覺得更有勁……生死就在一線之間。當你就懸在那一線之間，你不會覺得無聊，既沒有來自過去的塵埃，也無對未來的渴望，當下的這個片刻非常清晰透明，像火焰一樣燃燒著，這就夠了：你活在此時此刻。

或者像衝浪、滑雪、坐滑翔翼，從事這類運動會讓你冒著失去生命的風險，但是你很快樂，因為你特別能感受到自己的生命力，就是這個原因，才有人深受危險運動的吸引。

許多人熱愛登山……有人問艾德蒙．希拉里（Edmund Hillary）：「為什麼你要去爬聖母峰？到底為什麼？」希拉里說：「因為我喜歡挑戰。」攀登聖母峰是很危險的，很多人在那裡丟掉性命，有六七十年的時間，不斷有登山隊去那裡。既然那裡出事的機率很高，怎麼還是有人去？到底有什麼引人之處呢？

當你爬得愈高，當你愈遠離了安穩的例行生活，你會再次變得狂野，重新進入野生的動物世界，像頭老虎或獅子，或是像一條河流。你像隻展翅高飛的鳥，自在翱翔於天際，隨著時間每分每秒的流逝，安全感、銀行存款、先生、太太、家庭、社會、教堂、你的聲名，所有的一切都慢慢褪色，離你愈來愈遙遠，最後只剩下你一個人。

這就是為什麼人們喜歡從事刺激驚險的運動，不過那也不是真的很危險，因為你可以透過學習和訓練，把技術練到很專精；換句話說，風險是可推測預算的，當你接受登山的訓練時，他們會教你所有的預防措施。又例如開快車，每小時一百哩的速度是很危險的，可是，你的技術可以高超到讓觀看的人為你覺得捏一把冷汗，但實際上對你並不危險，就算有危險也僅止於身體上的傷害而已。

當我對你說，去過冒險的生活，我指的不單是身體層面的危險，還有心理上的危險，最後是靈魂上的冒險。宗教性是一種靈魂的冒險，那就好比是一座山勢高峻的山，一旦你往上攀，說不定就此一去不復返，佛陀說的阿那加明（anagamin）：一去不返的人，他前往的地方那麼高，那個地方沒有回來的路……於是他迷失在其中，從此失去音訊。

我說去過冒險的生活，並不是要你去過受世人尊敬的那種普通生活：你是某地方的市長，或某公司的股東，這不叫生活。或是你當上了部長，或你學有專長，很會工作賺錢，銀行裡的錢與日俱增，一切都很順利。當一切都進行得很順利的時候，只要去看看，你會發現你正日漸枯萎，沒有任何成長。人們或許尊敬你，當你死的時候，你的葬禮會很隆重，很好，就這樣而已。報紙上會在社論旁邊登出你的訃文，接著人們會把你遺忘，而你一輩子活著就是為了這些？

看清楚一件事：人的一生可以就浪費在普通平凡的事情上。要明白這些小事不足以太在意，如此你才能步入靈性的世界，我不是說這些事不重要，它們是很重要，只是沒有你以為的那麼重要。

你需要錢，錢是一種需要，但是，錢不是你的目標，也不可能是目標。比方說，房子當然是需要的，我不是苦行主義者，不是叫你把房子毀了，然後躲到喜馬拉雅山去。房子是需要的，但你活著不是為了房子，別弄錯了。

我所見到的人都搞錯了方向，他們好像是為了房子而活似的，努力工作賺錢就是為了買房子；而有的人則像是為了他們銀行裡的存款而活，直到死前還拚命存錢，這些人未曾真正活過，沒有一刻是活在生命的悸動當中。他們被囚禁在安全熟悉的監牢裡。

如果你因此而感到無聊，那是正常的。人們告訴我，他們覺得人生乏味，該怎麼辦？他們以為只要唸唸咒語就會讓他們重拾生命力，事情沒這麼簡單，必須要改變整個生命模式才行。

去愛，但不要想明天你的她還會在你身邊，不要期盼，不要將她貶成你的老婆，這就是活在危險當中的意思。不要將妳的他貶成先生，因為先生是醜陋的，讓你的他當你的男人，讓你的她做你的女人，讓明天的一切無法預測。對凡事都不抱期望，但凡事你都有心理準備，這就是我所指的「過危險的生活」。

我們都是怎麼做的？當我們愛上一個女人時，就迫不及待的要去法院登記結婚。我不是叫你不要結婚，婚姻是種形式，可以滿足社會的期望，但在你心底深處不要抓住這個女人，連想都不要想「你屬於我」，因為怎麼可能有誰是屬於你的呢？而且，當你開始占據一個女人時，她也會開始占據你，於是你們之間的愛已經沒有了，你們只是互相壓榨對方，置彼此於牢籠之中。

去愛，但別讓你的愛降級為婚姻；去工作，工作是需要的，但別讓工作成為你唯一的生命，隨時都要帶著遊戲的心情，這是很重要的。工作必須是為了遊戲，不論你的工作崗位是在辦公室裡，或是在工廠、店裡，你工作只為了有時間與機會去玩，別讓你的生命萎縮成只剩工作上的例行公事，因為生命的目的是去遊戲！

遊戲的意思是為了做某件事而做，如果凡事你都能抱著遊戲的心情，你整個人會更加有活力。用不著說，你會因此而活在危險當中，但生命該當如此，冒險本是生命的一部分，事實上，那是最精采的部分，你或許沒有意識到，生命中每一個片刻都是危險的……你吸氣，你呼氣，當中有一個風險，在你呼氣的時候……誰知道你會不會再吸氣進來？這是不確定的事，沒有人能對你保證。

有些人的宗教就叫「安全感」，因為當他們講到神的時候，只是把神當成最安全的寄託對象。他們因為恐懼才想到神，而祈禱和冥想的理由，則是希望能在「功過簿」上有好的紀錄：如果有神的存在的話，祂會知道我這個人一向定時上教堂，定時做禱告，「功過簿」可以為我證明。連他們的祈禱都是一種手段。

冒險的生活是指你將每一個片刻當成是最後的一刻，每個片刻都十分珍貴，而你什麼都不怕，你知道死亡隨時會來臨，你接受它的存在，沒有任何反抗。相反的，還主動與死亡接近，身心靈都在享受與死亡的正面相遇。

當你與死亡面對面時，去享受這些時刻——在死亡幾乎成真的片刻——這就是活在危險中的意義。

勇敢的人腳程總是比別人快一步，主動尋找所有可以冒險的機會。他們的人生觀不像保險公司，而是像登山者、滑翔機駕駛者和衝浪者，而且衝浪的範圍不只是外在的海洋，還有自己內在最深處的海洋；攀登的不只是外在的阿爾卑斯山和喜馬拉雅山，還探索內在最高處的山峰。

但是要謹記一件事：永遠別忘記冒險的藝術，永遠，永遠別忘記。要維持你冒險的能力，每當你有機會冒險，千萬別錯過，你只會贏不會輸。唯一能保證你真正活過的方法就是去冒險。

生命是一個奧祕

對無法解釋的事情，頭腦總不易接受，對每件事它都有一股不可扼制的衝動去尋求解釋……如果解釋不來，那至少解釋一下為什麼無法解釋！那種一團迷霧或矛盾的事讓頭腦覺得很困擾。

哲學、宗教、科學和數學的歷史，都有著相同的根源、相同的頭腦——和相同的癢處。你或許用你的方式抓癢，別人的方式不一樣，但這個發癢的地方有必要做一番探討。這個癢處否認存在是一個奧祕，除非存在的奧祕被揭曉，否則頭腦會寢食難安。

宗教的做法是創造出一個神、聖靈和唯一的聖子，不同的宗教創造了不同的東西，他們想用宗教去掩蓋一個掩蓋不了的洞。事實上，你的掩蓋只是欲蓋彌彰，表示你很怕別人會看到這個洞。

翻開頭腦的歷史，不管是出於哪一個體系的頭腦，人類頭腦的活動一直是在做補洞的動作，特別是數學，因為數學純粹是頭腦的遊戲，有的數學家並不這麼認為，就像神學家認為神是實相一般。神只是一個念頭，假如馬有念頭的話，牠們的神會是一匹馬，保證不會是人，因為人類並不善待馬，人類只能當撒旦而不能當神，可是如此一來，所有動物都有牠們自己的神，正如不同的人種有不同的神一樣。

生命是一個奧祕，當你發現奧祕與現實間有個空隙沒有辦法銜接時，你用種種的想法彌補那個空隙，於是你才會覺得滿意，最起碼你以為自己了解了生命，因為那些想法取代了空隙。

你是否曾想過「了解」（understand）這個字？它英文的意思是：站在你的下方。奇怪的是，這個字漸漸失去了它的原始意涵：當你使任何東西站到你的下方，你的拇指、你的力量、你的鞋子的下方——你就是它的主人。

人們也在用一樣的方式了解生命，將生命放到他們的腳下，好讓他們可以大聲說：

「我們是生命的主人，沒有什麼是我們不知道的。」但那是不可能的，無論你做什麼，生命是一個奧祕，而且將會一直是個奧祕。

有一個超越的力量是無所不在的，我們被祂所包圍，那個超越的力量就是神，你必須進入這個力量的世界。祂在你內在，也在你外面，祂一直都在那裡，若是你忘了祂的話……。

我們通常會忘了，因為去直視這股超越的力量是很不舒服的，就好像你從高處朝深淵一看，你會忍不住打哆嗦，覺得頭發昏，光是想到你就腳軟。沒有人喜歡朝深淵的那個方向看，我們總是往另一個方向看，試圖對真相視而不見。真理就像是深淵，因為真理是無際的「空」，是一望無際的天空。佛陀說：讓自己進入彼岸。別老是待在邊界裡，要衝出邊界。當你需要的時候設邊界，但記住你遲早要走出去，千萬別將自己囚禁住。

我們創造出許多類型的自我囚禁：關係、信仰、宗教……都是種監牢。你在裡頭覺得很安逸，因為不必承受外面的風吹雨打：你覺得自己被保護得很好——即使那個保護是假的，死亡將會把你拖到彼岸的世界，在死亡把你拖進彼岸的世界前，何不自己先走去？

一個禪師即將圓寂，他已經九十歲了，躺在床上的他忽然睜開眼睛問說：「我的鞋子在哪裡？」

徒弟們說：「您要去哪裡啊？難道您瘋了不成？您就快過世了，大夫說就剩最後幾分鐘的時間而已。」

他說：「所以我才要穿上我的鞋子自己走去墓地。我會自己走去和死亡碰面，我不想被拖著走。你們都了解我的個性，我從沒倚靠過任何人，要讓四個人抬著我去墓地，這實在很慘，不，我不要。」

他走去墓地，不只那樣，他還挖了自己的墓穴，躺進去，然後就死了。他接受未知的勇氣之大，大到可以自己主動歡迎彼岸的世界！這樣的死亡已經蛻變過了，這樣的死亡已經不再是死亡了。

這般果敢之人從來不死，因為死亡已被他擊敗，他超越死亡。當你自己迎向彼岸時，你會發現彼岸一點都不像死亡，假使你能歡迎彼岸，彼岸也會歡迎你，時時都在呼應你。

此起彼落的生命

自我就像一道牆包圍住你，告訴你唯有這樣才有保障，這是自我對你的引誘，它不斷蠱惑你：「如果沒有我，就沒有人會保護你，你會變得弱不禁風，那就危險了，所以讓我守護著你，讓我與你長相左右。」

不錯，自我對你有一定程度的保護，但那道保護牆同時也是你的限制，否則就沒有人會因自我而苦。是有一定程度的保護，這道牆使敵人侵犯不了你，但朋友也因此進不來。

比方說，你因害怕敵人闖進來而將門關起來，藏在門的後面。然後，一位朋友來找你，可是緊閉的門讓他進不去；要是你太害怕敵人的存在，你會讓朋友也進不去。假如你為了朋友將門打開，你得冒敵人也會跑進來的風險。

你必須深入地去看這件事，這是生命裡最大的問題之一，假如只有少數幾個勇敢的人正確地解決這個問題，表示其他人選擇當縮頭烏龜，那他們的一生就枉然了。

生命到處充滿險境，死亡則不。死了之後，就什麼問題都沒了，沒有人能去傷害你，因為有誰能傷害一個已經死了的人？從你進入你的墳墓開始，所有問題都結束了！

再沒有生老病死，再沒有什麼事好擔心，再沒有任何問題，你告別了一切的問題。

但是，要是你活著的話，你會有一堆問題。你的生命力愈活躍，你會遇到的問題愈多，但這沒什麼不好，當你在問題中掙扎，當你試圖迎接挑戰，你於是在無形中成長茁壯。

自我是一道圍著你的隱形牆，這道牆不容許任何人進入你內在，你活在自我的嚴密保護之中。不過這樣的保全使你的生活變得很呆板，就像種子裡面的保全系統在作用，讓這棵植物不敢發芽，因為這世界處處充滿危機。它是那麼嬌嫩脆弱，於是它用硬殼將自己包裹起來，把它的細胞保護得好好的。

或者，你也可以將這想成待在母親子宮裡的小孩，在那裡，小孩所需要的一切都能立刻得到滿足。他無憂無慮，沒有衝突，沒有未來，嬰孩單純地活在喜悅之中，母親供給他所需的一切。

但是，你想一輩子待在媽媽的子宮裡嗎？那是很安全的環境，但有選擇權的話，你要永遠待在那裡嗎？那裡非常舒服，到哪裡找這麼舒服的地方？科學家說，人類還沒有能力製造一個比子宮更舒適的環境，以舒適度而論，沒有任何地方比得上母親的子宮。那裡那麼的舒服，沒有煩惱，沒有問題，沒有工作，只要活著就好，無論有什麼需求，馬上就會得到滿足，連呼吸都不必費力——母親會幫你呼吸，不必想吃飯的問題——母親會幫你進食。

但你想一直待在那裡嗎？是很舒服沒錯，可是那不叫生命，生命總是起伏不定的，生命是在子宮外面進行的。

英文中「狂喜」（ecstasy）這個字頗有深義，意思是：站出來，離開保護你的殼、你的自我、你舒服的環境、你的高牆。狂喜是你走到戶外，自由自在地愛去哪就去哪，你敞開自己，讓風可以吹拂到你身上。

有個說法是這樣的，有時候我們會說：「那個體驗實在太帥了！」狂喜的感覺就是這樣：太帥了！

當一顆種子破殼而出時，它原本內藏的光芒開始綻放；當小孩離開子宮出世，將一切的舒適便利留在身後，進入未知的世界時，這是狂喜；當小鳥離開巢穴，飛向天空時，這是狂喜。

自我像是蛋，你必須打破蛋殼出來外面，才能了解什麼叫欣喜若狂。離開所有安全的保護，你將進入更寬闊無垠的世界，飛進無邊無際的世界，從那之後，你才能叫做活著，而且你的生命將會是精采豐富的。

不過，你會因恐懼而裹足不前。小孩在離開子宮前，他一定也會猶豫一下：要不要出去？他一定是一腳準備踩出去了，另一腳還在遲疑，或許就是因為這樣，母親生產時才會那麼痛。小孩正猶豫不決，他還沒有準備好進入狂喜的世界，過去在將他往後拉，而未來又在召喚他，他被一分為二。

你的自我之牆在抓住過去，使得你下不了決定。有時候，在少有的片刻中，當你充滿生氣、很警覺的時候，你會看得出這道牆，否則，這道牆非常透明，你可能看不見它。一個人可能一輩子，甚至好幾輩子都沒有意識到他住在一個密閉的空間裡，這種空間，數學家力柏奈茲（Leibnitz）稱之為「莫那得」（monad），一個沒有門窗的密閉空間，但它是透明的，由玻璃做成的牆。

寇克蘭太太站在她先生的棺木旁，他們的孩子站在她身邊。致哀者正一個接一個走過棺木，向寇克蘭先生致意。

「他現在沒有痛苦了，」克洛依太太說，「他生的是什麼病？」

「可憐的費拉，」寇克蘭太太說，「他是因淋病而死的。」

另一位婦女看了一眼棺木裡的人。「他現在看起來好得很，」她說，「你看他臉上帶著一抹明朗的微笑，他是怎麼過世的？」

「他死於淋病。」這位寡婦回答。其中一個兒子將她拉到一旁說：「媽，那樣說爸不太好，他明明不是死於淋病，他是死於下痢。」

「我當然知道！」寇克蘭太太說，「可是我寧願教別人相信他像個運動明星，而不是一堆糞土！」

直到最後一刻，人們都還在耍伎倆。

自我不讓你表現出真實面，它不斷強迫你當一個虛假的人。自我就是謊言，不過，你可以自行決定要不要活在謊言當中，因為如果你不要的話，表示從以前到現在你所賴以維生的一切將會粉碎，你的整個過去將會粉碎，「你」會完全崩潰瓦解。從你的內在，一個新的實體誕生，嶄新的存在，完全不受過去所污染。於是那道牆消失了，接下來不管你走到哪裡，你眼睛所見的是永恆，沒有界限的世界。

有個老頭子走進一家他最喜歡的酒吧裡，他注意到平常在那裡的女酒保不在了，取而代之的是另一個新的女酒保。剛開始他還有點彆扭，不過為了討好她，他還是對她說了一句：「你是我這麼久以來所見過最美的女生。」

新來的女酒保是屬於高傲型的女人，她下巴抬得高高的，語帶尖酸地回他：「很抱歉，我不會對你說什麼恭維的話。」

「噢，親愛的，」老頭子聽了雖然有點無奈，但口氣仍平靜地說：「你就不能跟我一樣撒個謊嗎？」

我們所表現出來的那些形式，不過是助長彼此自我的謊言，你對某人說幾句客套話，對方也回你幾句客套話，沒有一句是真實的。

同一套把戲我們老是玩不膩：拘泥於形式，戴文明面具。如果是這樣，你就必須面對那道牆，因為漸漸地，那道牆會變得很厚，最後你什麼都看不到，所以不要再等下去了，如果你開始感覺出你周圍有一道牆，馬上丟掉！馬上跳出來！只要一下定決心，你就跳出來了。從明天起不要再讓那道牆變厚，無論何時你看出你自己在這麼做時，馬上停止。只要幾天的時間，你就可以發現它會垮掉，因為它需要你無時無刻的支持。

終極勇氣

恐懼有許多種，不過基本上都源自於同一種恐懼，就像樹的眾多枝葉，這棵樹的名字就叫「死亡」。你或許沒有意識到恐懼和死亡有關，但每一種恐懼都和死亡脫不了關係。

恐懼只是一道影子，當你正在擔心自己會破產的時候，恐懼或許沒有很明顯，可是，你真正怕的是自己身無分文，萬一發生什麼事，你只能束手無策。人們總為了保障的理由而緊抓住金錢不放，儘管他們心裡清楚得很，要是死亡真發生的話，任誰也躲不掉。不過清楚歸清楚，他們還是要做點什麼才行，至少當你忙的時候，你是沒有意識到死亡的，忙碌就像毒品。

明白其他的恐懼只是死亡的分支是很重要的，因為這麼一來，只要你將根源洞悉清楚，你就能解脫。假如說恐懼的基礎是死亡，那麼，唯一一個能使你不畏懼死亡的辦法，就是去經驗你內在那個不死的意識，除此之外沒有別的，什麼金錢、權力、聲望都沒有用，除了深入的靜心之外，沒有什麼是對抗死亡的保障。靜心使你看見你的身體會死，你的頭腦會死，而你，卻是超越這身體頭腦（body-mind）的結構之外。

你的本質核心，也就是你的生命根源在你之前就在這裡，在你之後還是會繼續在這裡，它已經換過無數個外型，同時在變換中不斷進化，可是打從一開始就從未消失過——如果有所謂「開始」的話；而直到結束後也永不消失——如果有所謂「結束」的話……因為我不相信任何開始和結束。

存在既沒有開始，也沒有結束，它一直都在這裡，你也一直都在這裡。外在形體或許有所不同，即便同樣是在這一輩子，形體也有可能是不同的。

在你進入母親子宮的第一天，你的體積連一個問號下面的那個小點都不到，假如讓你看到超音波的照片，你會認不出那就是你。而事實上，還可以說到更早之前……。

有兩個人在爭彼此的記憶力可以追溯到多久以前的事。其中一個可以想起他三歲時的情形，另一個說：「那沒什麼稀奇，我可以記得我爸和我媽結婚前的事。那天我爸和我媽一起去野餐，明明我是跟我爸爸一起出門去，卻和我媽一起回她家！」

當你還在你父親的身體裡時，你能認得自己那時的樣子嗎？就算是將照片放大到肉眼能看得到的尺寸，你也認不出那是你。但那是你這輩子的形體之一，現在在你內在的與當初那個小不點是同一個生命泉源。

每一天你都在改變。當你剛出生，只有一天大時，連那時的你，你現在也認不出來。你看到會說：「我的天啊！這就是我嗎？」一切都會變，有一天青春不再，你會變老。童年老早就失去了，而死亡遲早會來臨，但那只是形體上的死亡，你的本質不會死，你一生不斷在變的也只有形體。

形體時時刻刻在變化，死亡不過是一個生命力的轉換，一個比較明顯、比較快速的變化。不知從何時開始，你的童年已經遠去，你開始進入青年時期。從年輕到老……事情的發展是那麼不知不覺，你無法辨識出到底是從哪一年的哪一天，青春已離你遠去，那個轉變是漸進與緩慢的。

死亡是從一個形體到另一個形體的量子躍進（quantum jump），但那對你來說不是結束。

你未曾誕生，也未曾死亡。

你一直在這裡，形體來來去去，唯有生命的河水依舊不斷奔流。除非你有這樣的體悟，否則死亡的恐懼不會消失。只有靜心，唯獨靜心能有所幫助。

我可以告訴你這個事實，所有的經書上也都可以這麼寫著，但一點也沒有用，你可能還是會懷疑。誰知道？你會想：這些人或許在說謊，他們或許在自欺欺人，說不定這些人被其他書或老師給騙了都不曉得。假如你有懷疑的話，恐懼是無法避免的。

靜心讓你回歸現實。

當你明白生命是什麼的時候，你自然不再為死亡而憂心。

你可以超越……這掌握在你的手上，也是你的權利，只不過，要從頭腦跨越到沒有頭腦，你必須付出一點努力。

你以為，從小孩出生的那一刻起才是他生命的開始，這不是真的；你以為，從老人死亡的那一刻起才是他生命的結束，並不是這樣。生命遠超過生與死，生與死不是決定生命的兩端，因為一生中會發生許多次出生與死亡，生命本身既沒有開始也沒有結束，它本身即代表永恆。不過，你可能比較難了解生死之間的這層關係，甚至你堅信這是不可能的事。

這世界有些事是你連想都無法想像的，其中一件就是你沒辦法想像從生到死的轉換，從哪一點開始，生命不再，而換成死亡呢？你要從哪裡畫出這條分界線？而且你也無法為生命找出那條起始線：要從出生算起？還是從受精的那一刻算起？而在受精前，母親的卵子已經存在了，父親的精子也是活著的，兩個死的細胞不可能創造出生命。所以說，要從哪一點算起？科學尚未能提出決定，而且也沒有辦法決定，因為母親體內的卵子是從她出生時就有的……。

你必須接受一件事：有一半的你來自你母親，這甚至是在你受精以前就存在的事實。另一半來自父親——當他的精子還活著的時候。當精子離開你父親的身體時，它們是活的，只是壽命不長而已，只有兩個小時的時間，兩小時之內他們必須和你母親的卵子碰面⋯⋯。

每顆精子都有自己的特質，這是確定的事，像有些精子就很懶惰，當其它同儕正奮力衝向卵子時，它們卻不急不徐地像在晨間散步，以這種速度他們是永遠到不了的。但他們又能怎樣？他們天生就是這種性格：寧死也不跑，甚至沒有意識到接下來就要發生的事。

但有些傢伙就是典型的奧林匹克賽跑者，他們一出場就立刻開跑，一秒鐘也不浪費。競爭很激烈，所以在那一夥幾百萬活生生的精蟲之間，只有一個能拔得頭籌⋯⋯那還真是一個不小的哲學問題！

不過，生命不是從那個地方開始，生命是從更早以前開始，只是這對你而言是項假設，對我來說卻是經驗。生命是從你前世死亡的那一刻開始，當你死的時候，那是生命的一個章節——通常人們認為那是你全部的一生畫下句點。那整本生命之書有無數的章節，一章結束了，但整本書還沒結束，只要再往下翻，接下去又會開始另一章。

垂死的人會開始觀想他的下一世，是個已知的事實，因為這是發生在這一章結束前的事。偶爾會有人從最後一刻回來，例如有個溺水的人，他好不容易被救了回來，本來幾乎是處在昏迷狀態，後來醫護人員讓他吐水、做人工呼吸，所以他又被救活，這些曾經待過生死邊緣的人，會提到一些特殊的親身經歷。

其中之一是，在瀕死的時候，會在短短一瞬間看到自己整個一生在眼前閃過：自出生到死前。不僅是原本記得的事，連早就遺忘，根本沒有注意過的事，都會在死前像電影一樣，幾秒鐘之內在眼前快速放映，因為人就快斷氣了，沒有三個小時的時間讓他看完整齣人生電影。

即使你看到的是完整版的電影，你也看不出這個人的一生和無關緊要的細節有任何關聯，重點在於，所有事情都會在他眼前掠過，那確實是很有意義的一個現象，在一個章節結束前，他重拾所有的經歷：未完成的夢、期望、失望、挫折、痛苦、喜悅，一切的經歷。

佛陀用一個字來說這個現象：「譚哈（tanha），就字義來說是欲望，衍生的意思是「欲望的一生」（the whole life of desire），所有發生的一切：挫折、滿足、失意、成功、失敗，可以說都是因欲望而生。

這個垂死的人必須在他走以前回顧自己的一生，因為身體正在離開他：頭腦將不會跟他在一起。但頭腦將會釋出欲望，而欲望會抓住靈魂，這個欲望將會決定他的下一生會如何，任何他沒有實現的欲望，下一生他將會朝那個目標邁進。

生命在你出生前就開始了，在母親懷你更早以前、你前世結束的時候，你的生命就開始了，彼世的結束，正是此世的開端；這一章完結了，於是下一章接下去。你下一世會怎麼樣，百分之九十九取決於你這輩子死前的最後一刻。這一世你所帶在身上的就像一顆種子，那顆種子將會長成大樹，將會開花結果，從小小的種子身上看不出它將來會長成什麼樣子，但它裡面可是有一張完整的藍圖。

也許有一天，科學將有能力解讀種子的整個結構：枝葉的長相、壽命有多長、將來會怎麼樣……因為藍圖已經在那裡了，只是我們不懂那種語言罷了，所有即將發生的一切，現在都已經可以看到了——你看到的是它的潛能。

所以，你死前的狀況將會決定你下一次的出生。大多數人死的時候都不是走得心甘情願，他們不想死。這也不難理解，唯有臨死前，他們才赫然驚覺自己還沒有活過，生命就像夢一般晃過去，然後死亡就來臨了。現在，時間已經所剩無幾，死神正在敲著門，當你能夠去活的時候，你反而浪費時間在做一些蠢事。

我問過那些打牌、下棋的人：「你們在做什麼？」

他們說：「打發時間。」

打從小時候，我就很不喜歡「打發時間」這種話，我爺爺是個下棋高手，我問他：「你年紀一大把了還在打發時間，難道你看不出來是時間在打發你嗎？你說下棋是為了打發時間，『時間』是什麼你知道嗎？它在哪裡？如果你能用手抓得住，我倒想看看它的樣子。」

像「時光飛逝」、「歲月不饒人」這一類的話，只是一種自我安慰，每天在逐漸凋謝枯萎的是你，這才是真的，你還一直以為是時間在流逝，好像你沒有動，是時間在動一樣。時間從來就在它所在的地方，沒有流逝到哪裡去，手錶與時鐘是人類衡量時間的設計，但其實時間哪裡也沒去。

如果你有到印度的旁遮普省旅行，千萬不要問當地人「現在幾點鐘？」這個問題，要是當時正好是十二點，你會招來一頓痛扁，假如你能活著逃掉算是你命大。這背後有一個哲理，不過當傻瓜來了解哲理的時候，就會發生像剛才我說的那種事。

史基教派（Sikhism）的創始人那那克（Nanak）曾說過成道——也就是三摩地（samadhi）的境界，就像時鐘的長針和短針同時走到十二點，也就是兩根針不再是分開的。他是在打比方告訴我們，當你成道的時候，你內在的的二分性融解，你成為一個整合，死亡也是同樣的現象，後來他說明死亡也是如此：當「二」整合為「一」，從此以後只有「一」，你與存在成為一體。

所以在旁遮普省，十二點鐘變成是死亡的標誌。你要是在十二點時找個人問：「現在幾點鐘？」包準對方不由分說地就打你一頓，因為他以為你在取笑他，你在詛咒他死。如果他見到某個人一張苦瓜臉，一副淒慘的模樣，旁遮普人會說：「他臉上現在是十二點鐘。」我看過有人在將近十二點的時候，手腳很快地調整手錶上的時間，他們把時間調快五分鐘，不想被自己的手錶耍了。十二點只會提醒他們悲傷、死亡這一類的事；他們完全忘記三摩地，而那正是那那克試著向他們解釋的。

當一個人死的時候——當他的十二點鐘到的時候——他並不想死。原先都以為是時間在溜走，現在他感覺溜走的是他，任他再怎麼想停留也沒有用了，為此他感到痛苦萬分，那份痛苦是如此難以承受，所以大部分人會在他們死前陷入一種無意識狀態，也就是昏迷狀態，就這樣，他們錯過了回顧一生的機會。

假如能沒有一絲牽絆地走，連再多活一秒鐘的欲望都沒有，你將能在死的時候保持意識，因為自然就不需要讓你失去意識，或強迫你陷入昏迷。你會有意識地進入死亡，回顧自己整個過去，你將看出自己一直做的事都很蠢。

假設你的欲望被滿足了，你又從中得到什麼？沒能履行的欲望令你難過，但當欲望終於實現的時候，你又得到了些什麼？這是一局奇怪的遊戲，你怎麼樣都是輸家，表面上你贏或輸都沒有什麼差別。

你的快樂就像水上的簽名，痛苦卻如花崗岩上的石刻；你費盡千辛萬苦，只為了水上的簽名。換句話說，你一生的痛苦，只換來那小小的快樂，而那小小的快樂，從你現在的位置往下看去，卻是連玩具都稱不上。曾有的成功到頭來也是失敗，失敗當然還是失敗，為了追求快樂而深陷苦海，那就是你正在做的事。

你所有的幸福，不過是自己的一場白日夢，因為你死的時候什麼也帶不走。你的一生只是惡性循環：繞來繞去都是在同樣的循環裡。到目前為止，你哪裡都還沒去過，因為光繞圈子你能去得了哪裡？不管你繞到哪一處，你離中心的距離都還是一樣。

成功與失敗來來去去，快樂與痛苦也來來去去，在圈裡事情不斷地發生，但你從來沒到過自己的中心，置身於圈裡的你很難看出這一點，因為你太投入於其中。而現在，一切已從你手中滑落，你孑然一身而立。

紀伯倫在他的經典之作《先知》（The Prophet）中，有這麼一段話……一位先知跑向正在田裡工作的人，對他們說：「我的船已經來了，該是離開的時候了，我來這裡只是為了回顧一眼所有曾發生的事，以及沒有發生的事。在我上船以前，我很想看看我在這裡曾有過的生活。」

我想要向你提醒的話是……他說：「我就像一條即將匯流入大海的河水，稍作停留只為回頭看看曾流經過哪裡：叢林、山脈、有人煙的地方。那曾經是豐富的幾千哩生命，眼看就即將進入尾聲了……所以就像河水流入大海前的回首，我想要回顧自己的一生。」

然而，只有當你不執著於過去才能回顧，不然，你會因太害怕失去過去的一切，而錯失回顧的機會，因為時間只有那短短的一瞬間。假如你死的時候很有意識，你看到自己一生所做的事，看到自己的愚蠢，當你再次出生時，就將會是一個敏銳、聰明又勇敢的人，這不是你能做的事，它自然而然就是這樣。

人們問我：「你打從出娘胎起就很敏銳、有膽量又聰明，而我到現在還沒有你的勇氣……。」原因在於我前世死的方式和你的方式不同，差別就在這裡，因為你是怎麼死的，你就會怎麼出生，出生與死亡是一體的兩面。

假如那一體的其中一面是困惑、痛苦、焦慮、執著、欲求這些東西，另一面你不可能希求敏銳、智慧、果敢、清明、覺察這些品質，這種事保證絕不會發生。

事情很簡單，但要對你說明清楚卻不容易，因為我這一輩子什麼事都沒做，我從小就很勇敢、敏銳、聰明，我從沒想過這些事情。那是到後來，我慢慢注意到人們的愚蠢，從別人身上映照出的對比我才曉得。我也從沒認為自己是勇敢的人，我想每個人都是一樣的，只是到後來，我才知道不是每個人都是這樣。

當我開始長大時，我開始意識到我的前世，我記得我的死亡是很容易的，不只容易，我對死亡是很狂熱的。我對未知的興趣，要比我已經知道的事要大得多，我這個人從不往回看，因為這麼做沒有意義，既然不能回到過去，為什麼要浪費時間？我總是往前看，這足以說明為什麼我生來沒有配備會阻礙一般人向前走的煞車。

煞車的存在是因為你對未知的恐懼，你抱著過去不放，唯恐踏入未知一步。已知的一切或許不那麼令人愉快，但最起碼你已經熟悉門路，你和它之間已經搭起了情誼。

說來你會驚訝，不過我已見過上萬人發生這樣的事：他們寧願一直痛苦下去的理由，只是因他們已和痛苦建立起友誼，經過長久以來的朝夕相處，你要他們脫離痛苦，那就像要他們離婚一樣。

結婚和離婚也是這樣，男人一天至少想十二回離婚的事，女人也在想，可是兩個人還是繼續耗下去，理由還不是因為兩個人都害怕未知。這個男人不好就算了，那下一個男人呢？或許更糟。至少你已經習慣這個男人的缺點，所以勉強還看得過去，你自己也已經變得很麻木了，要是換了新的伴侶，一切又要重新開始。就這樣，人們老是維持在原來的位置上。

只要去看人們死亡的時候你就知道，他們走得並不痛苦，死亡本身沒有絲毫痛楚，那其實是愉快的經驗，就好像深沉的睡眠，你覺得深沉的睡眠會是痛苦的嗎？不過，人們關心的不是死亡、深沉的睡眠或是愉快的經驗，他們只擔心已知的一切會自手中溜走。恐懼不過意謂著：對於失去已知、進入未知的害怕。

勇氣就是恐懼的相對。

要隨時都準備好拋掉已知的東西，不只是願意拋掉而已，要主動等待時機的成熟，然後跳進新的領域中……品嘗那份新鮮，你感覺棒透了，勇氣自然誕生。

對死亡的恐懼肯定是你最大的恐懼，也是使你失去勇氣的主因。

所以我只有一項建議，現在你無法回去前世死亡的時候，不過你可以開始做一件事：無論是什麼樣的事，只要它來自未知，隨時都準備好從已知躍入未知。

即使未知的結果比已知糟糕，未知依然是比較好的選擇，而且重點不在那裡，你從已知到未知的轉變、你的果敢才是重點，那才是價值的所在。不管是什麼經驗都這麼做，你等於學會為死亡做準備，因為當死亡來臨時，你不能突然決定「我決定去死了」，這不是你能在倉促間做決定的。

你必須一步一步在每個片刻中做準備，當你對未知的美更心領神會，你的內在自然有一番新的品質產生，這份品質一直都在，只是從沒被使用過。在死亡來臨前，不斷地從已知進入未知，永遠記得，新的總是比舊的好。

他們說，舊的東西不值錢，我說，就算值錢也不要。抉擇新的，不管值不值錢都不重要，重要的是你的抉擇：你選擇去學習，選擇去經驗，你選擇走入黑暗裡。於是你的勇氣會漸漸開始發揮作用，你發現自己也變聰明了，敏銳的智慧和勇氣可以說是一體的。

活在恐懼之下的結果，就是你變成膽小怕事、才智平庸的人。勇氣則使你敏捷、聰慧又開放，使你的心智清晰，有更佳學習事情的能力，這些品質會全部一起回到你身上。

只要從一個簡單的練習開始，永遠牢記一件事：當機會來臨時，選擇未知，迎向天空、冒險與不安全，你不會有事的。

唯有那樣……這次當你的死亡來臨時，你將會從中看到許多事，於是你會帶著那些洞見進入下一世。不只這樣，你還有一些選擇，當你有覺察的時候，你可以選擇特定的人做你的父母親，通常都是無意識的選擇，可以說只是意外，但一個人要是死的時候保有意識，他的出生也會是有意識的。

你可以問我的母親一件事，在我出生後的三天裡，我沒有吃任何東西，大家都不知道怎麼辦才好。醫生也在擔心：假如這小孩根本不喝奶的話，他要怎麼活？我有我的苦衷，他們不曉得他們為我所添的困難，想盡辦法硬要強迫我喝奶，我沒辦法為自己解釋，而他們也找不出是哪裡出了問題。

在我前世死之前，我正好在進行二十一天的斷食，但就在結束的三天前，我被人謀殺。這三天在我這次投胎時都還留在我的意識裡，我必須完成我的斷食，我這個人可是固執得很！通常的話，人們不會把上一世的事帶到下一世來，一個章節結束就是結束了。

在我出生後的那三天裡，他們沒辦法塞任何東西在我嘴巴裡，我不吃就是不吃。但三天之後我完全沒有任何吃的問題，他們都很意外：「為什麼前三天他什麼都不肯吃呢？又沒有生病，然而三天後他又好好的。」他們一直沒搞懂這事的來龍去脈。不過我不太對你們說這些事，因為在你們聽來那只是一種假設，我不能以科學的方式向你們證明，而且我不想給你們任何信仰，所有可能在你心中產生信仰的東西，你都要剷除它們。

因為你對我的愛與信任，所以不管我說什麼，你或許都會相信，但我要一再重申：所有不是來自你親身經歷的事，都只把它當成是假設，別相信它。當我舉個人的事做為例子時，那是因為必須，因為已經有人問到：「為什麼在你小時候你就能那麼勇敢和聰明？」

我自己並沒有為其做什麼，前世是什麼樣子，我現在就是那個樣子。

你遲早會有勇氣。

只要從一個簡單的方法開始：「永遠不要錯過未知。」

永遠主動選擇未知，就算是吃苦，也是值得的——你一定會付出代價。這麼做保證會使你成長，更為成熟，更有智慧。

超越死亡的唯一之道是接受死亡，

死亡自然消失；

成為無懼唯一的方法是接受恐懼，

這樣能量才得以釋放而成為自由。

第六章　追尋無懼

為恐懼之心解惑

每個人都會害怕，一定是如此的，生命如此浩繁，你必定會感到害怕。無懼之人之所以無懼，並不是因為他的英勇，英勇的人只是壓抑住他的恐懼，他不是真的什麼都不怕。無懼之人之所以無懼，是因他接受了自己的恐懼，無懼和英勇無關，你只需要看清生命裡諸多的事實，明白恐懼是正常的，你自然會接受恐懼！

請問恐懼和罪惡感是一樣的嗎？

恐懼和罪惡感是不同的。當恐懼被接受的時候，它就變成自由；當恐懼被否認或譴責時，就變成罪惡感。

恐懼本來就在那裡。人的渺小，相較於整體的浩瀚，有如滄海一粟；人就像一顆小水滴，整體就像海洋，一陣顫慄自你內在而起：「也許我會迷失在整體中，我會失去我自己。」那就是對死亡的恐懼。一切的恐懼都是對死亡的恐懼，對死亡的恐懼是對徹底消失的恐懼。

害怕是自然的現象，如果你接受生命本來就是這樣，如果你真的全然接受，你的顫抖當下就會止息，恐懼將化為自由，因為自由是當初變成恐懼的同一股能量。於是你明白了，即使是水滴要消失在海洋當中時，它也會感到害怕，可是事實上，它只是變成整片海洋而已。這樣的死亡是涅盤（nirvana），在涅盤中你不會怕失去自己，至此你才了解耶穌所說的：「如果你想拯救你的生命，你會失去它；如果你失去它，你於是拯救了你的生命。」

超越死亡的唯一之道是接受死亡，死亡自然消失；成為無懼唯一的方法是接受恐懼，這樣能量才能得以釋放而成為自由。要是你批判或試圖壓抑恐懼，要是你掩蓋你害怕的事實，企圖武裝自己以求自衛，難保你沒有罪惡感。

所有被壓抑的都會造成罪惡感，所有違背自然的都會導致罪惡感，你一直在自欺欺人，不誠實本身就是罪惡感的來源。

你問道：「恐懼和罪惡感是一樣的嗎？」不一樣，恐懼有可能成為罪惡感，也可能不會，那要看你怎麼做。假如你做錯了，它就變成罪惡感；如果你接受它，沒有為了它去做任何事，反正本來就沒事可做，那樣你就自由了，你不再畏懼什麼。

別說你樣子很醜陋，或責難自己做錯了什麼，或者說你是個千古罪人；不要批判自己，無論你是什麼樣子，你就是那個樣子，不要因此而有罪惡感。就算出了什麼差錯，「你」並沒有錯，或許你說錯或做錯了什麼，但你的本質並不因為那樣而有任何錯；你的行為也許有錯，但「你」永遠是對的。

我對自己所注意到的一件事是：我老是想說服別人相信我是個有影響力的重要人物，當我對此做冥想時，我所得到的答案是由於恐懼。

自我永遠是恐懼導向的，一個真正無畏無懼的人沒有「自我」這種東西做為防衛。因為你的害怕，你在周遭製造一個「你是某某某」的印象，所以沒有人敢欺負你，對不對？基本上那就是恐懼。非常好！一旦你找出事情的肇因，剩下的就很容易了。否則一般人只顧和自我打架，但自我不是真正的問題所在，那麼做等於是在處理問題的表徵，而不是照顧真正的疾病，真正的疾病是恐懼。

你不斷和自我抗爭，不知道自己錯過了重點，因為自我不是真正的敵人，它是假的。就算你打贏自我，那也不是真正的勝利，你如何也贏不了的，因為只有真正的敵人能被打敗，你無法打敗不存在的假敵人。你只是在表面上做功夫，好比你有一道傷口，為了遮醜，你在上面做了些裝飾，如此而已。

我記得有一次，我住在一位電影明星的家裡，他邀請了許多人去他家看我。來的人裡面有一位女明星，她手上戴了一隻光彩奪目的手錶，那隻錶的錶帶又大又漂亮。有個坐在她身旁的人問起了她的手錶，她臉上隨即顯露出不安的神色。我只是在一旁看，原來那個人想細看手錶，起先她不願意脫下來給他看，但禁不住那個人一直要求，最後她不得不拔下來，我才知道是怎麼一回事。她手腕上有一大塊白斑，那是痲瘋病造成的斑，她用那條漂亮的錶帶將斑遮著，現在那塊斑給人看到了，她緊張得直冒汗……。

自我正像是那樣，沒有人願意讓人看到自己的恐懼，因為要是你露出害怕的樣子，別人將會使你更害怕。一旦被別人嗅出你的害怕，他們將會打擊你、羞辱你，大家都很高興看到一個比自己弱的人，他們會對你落井下石……。

所以大家紛紛在恐懼外面創造出一個很大的自我，不斷地在自我的氣球裡打氣，直到氣球變得太大。像希特勒、烏干達的軍事獨裁者阿敏，那種人都是過於自我膨脹，別人才會怕他們。任何試圖讓別人怕他的人，私底下心裡都有數，其實真正會害怕的人是他，不然何必呢？如果他自己不害怕的話，這麼做的道理何在？

藉由讓別人怕他，那些自己在害怕的人才能高枕無憂，因為他知道你不敢去招惹他，或是侵犯他的界限。

仔細去看，你會發現事情就是這麼一回事，所以不要跟自我反抗，只要觀照、接受就好，那是生命中很自然的一部分，無須掩蓋，也無須假裝勇敢。事實就在眼前，所有人類都有恐懼，人性中本有恐懼，去接受。在你接受的時候，自我就消失了，因為它已經沒有存在的理由。

和自我打架一點好處都沒有，接受恐懼卻能收到立即的效果，於是你領悟到什麼叫對存在說「是」，我們是如此渺小，置身於偌大的宇宙間，怎麼能不害怕呢？死亡隨時都可能發生，怎麼會不害怕呢？我們任何時候都會走，一件小事出了錯，我們就掛了，教我們如何不膽顫心驚呢？你接受了恐懼，它自然漸漸會褪去；你接受了恐懼，從此對它見怪不怪，而事實上本來就是如此！

所以不要刻意去隱藏，當你不做任何事去隱藏時，恐懼便會平息下來。我不是指從此你沒有恐懼，而是你在它面前不再覺得害怕，你懂我的意思嗎？害怕代表你在抗拒，你不想要它出現，可是它就在那裡。

當你接受恐懼……人類有恐懼，就像樹是綠色的一樣，樹能怎樣？它並沒什麼好遮掩的。人遲早難免一死，恐懼是死亡的影子，就去接受吧！

當我自己一個人的時候，某部分來說，我可以敞開來，我感覺到對人的愛，可是只要置身於人群之中，我裡面的那扇窗又馬上關了起來。

去愛一個真的人並不容易，因為他不會滿足你的期望，而他也不必這麼做。他在這裡不是為了滿足任何人的期望，他有自己的日子要過，當他沒有做你要他做的事，或他不解你的心思或情緒時，困難就產生了。

用頭腦去想的愛很簡單，去愛就不容易；愛全世界一點都不難，難的是愛一個人。愛神或愛人類很輕而易舉，當你碰到一個真實的人，你要和他互動的時候，真正的問題才出現；和一個人真正相遇，將會為你帶來巨大的轉變與挑戰。

你愛的人將不會對你唯命是從，而你也不是他的奴隸，問題正從這裡衍生。如果你或他可以當奴隸，那就什麼問題都沒有，重點是沒有人活著是為了當別人的奴隸，也沒有人做得到，每個人都是自由之身……人是以自由做的，人就是自由。

記住，不是只有你，別以為這是你個性上的問題，這關係到愛的全部現象，每個人或多或少都要面臨同樣的問題。我還沒遇到在愛這件事上沒有碰到困難的人，問題的癥結與愛本身有關，與愛的世界有關。

關係本身使你置身問題當中，能去經歷問題是好的。東方人一遇到困難就逃避，他們將愛推開，說那叫不執著，可是日復一日，他們漸漸喪失生趣。所以，在東方你幾乎看不到愛，只剩下靜心。

靜心意謂著你在你的單獨中感覺很好，靜心是你只和自己有連結，你的圈圈裡只有你，你一步都不踏出自己的世界，當然那樣一來，百分之九十九的問題就沒了。東方人都比較鎮定，沒那麼緊張，幾乎可以說是住在自己的象牙塔裡，他不讓能量流動，世界中那一小圈能量就足以讓他高興了，只不過他的高興顯得有一點單薄，因為那不是興高采烈的快樂。

你頂多可以從負面的角度來看，說你並不是不快樂，如同當你說自己沒有病就表示你是健康的一樣，但那樣的健康不算健康。健康是帶著正面意含的，一個健康的人會散發出光與熱。沒有病不能代表健康，真要那樣說，一具屍體也算得上健康，因為它沒有病。

所以在東方我們試圖不要愛，企圖拋棄世界，因為不要愛就等於不要世界，不要男人、女人，所有愛會開花的可能性都不要。耆那教、印度教、佛教這幾個宗教的和尚不被允許私下和女性交談，或和她們有肢體接觸，基本上連面對面都不行。如果有女性上前去詢問某件事，他們的視線必須朝下，直到只看到自己的鼻尖，這樣他們連不小心看到對方的機會都沒有，因為沒有人知道，當愛的火花發生的時候……牆也擋不住。

他們從不住在別人家裡，不在一個地方久留，為了避免產生執著或讓愛有發生的可能，只好不斷四處漂泊，避免所有形式的關係。他們已有一定程度的內定功夫，不受到外界的干擾，但是並不快樂，因為他們沒有歡欣鼓舞的活力。

西方正好相反，人們為了從愛當中尋找快樂，因而產生許多麻煩，他們失去了和自己所有的連結，因為離家太遠，找不到回家的路，於是覺得無家可歸。他們不斷嘗試和不同女性、男性建立愛的關係：異性戀、同性戀、自戀，在試過各式的關係之後，還是覺得空虛寂寞。愛可以為你帶來快樂，可是這樣的快樂缺乏寧靜的品質，所以還是少了一點什麼。

當你的快樂缺少寧靜時，那樣的快樂會像是發高燒般，你興奮得不得了，但不知道在興奮什麼……那個高燒的狀態會使你緊張，但你的緊張沒有任何用處，你只是到處涉獵對象。有一天你會發現你的心血沒有任何根基，因為你只忙著找別人，卻還沒有找到自己。

這兩種方式都沒有成功，東方失敗的原因在於，靜心沒有愛是不可能的，西方則是因沒有靜心的愛，我一切的努力就是要給你一個整合，這樣才算完整，那就是靜心加上愛。當你一個人的時候，你能覺得快樂，當你和人在一起的時候，你也覺得快樂；

無論你跟自己在一起，或是在關係中，你都是開開心心的，你要能夠在內在與外在都締造一個美麗的家園。外在是漂亮的花園，內在的臥房也很美，兩者相得益彰。

所以，靜心應該是你內在的避風港，你心靈的聖殿。每當這世界變得令你難以承受時，你可以走入你的聖殿裡，做一番內在的洗禮，讓自己恢復元氣，當你出來時，你將煥然一新、朝氣蓬勃。不過你也要能夠愛人們，能夠面對問題，因為不能面對問題的寧靜不是真寧靜，也沒有價值可言。唯有能夠面對問題，並在處理問題時不受到影響，這樣的寧靜才值得追尋。

從這兩件事我要告訴你：先靜心，因為能從你最近的中心開始總是好的，但是不要卡在那裡，靜心應該要流動、開花，將自己打開來，去變成愛。

不用擔心，別把它當成問題，因為那根本不是問題。那是人性中自然的一部分，每個人都會害怕，一定是如此的，生命如此浩繁，你必定會感到害怕。無懼之人之所以無懼並不是因為他的英勇，英勇的人只是壓抑住他的恐懼，他不是真的什麼都不怕。無懼之人之所以無懼是因他接受了自己的恐懼，無懼和英勇無關，你只需要看清生命裡諸多的事實，明白恐懼是正常的，你自然接受了恐懼！

問題就出在你想排斥恐懼，人們對你灌輸一個很自我主義的想法：「做人要勇敢。」這真是胡說八道！多麼愚蠢的想法！一個聰明的人怎可能躲得掉恐懼？如果你不夠聰明的話，你不會有恐懼，當公車司機對著站在馬路中間的你猛按喇叭時，你不會有恐懼；或是一頭水牛向著你衝過來，你也不會怕，那是因為你很笨！只要是聰明人都知道要閃開。

假如你上了癮，開始到叢林裡去找蛇，來顯示你的勇敢，那反而是個問題；如果路上沒有半個人，你也害怕得拔腿就跑，那也是個問題。不然的話，恐懼是正常的。

當我說你可以擺脫恐懼的束縛，我不是指你的生活中不會有恐懼，而是你會發現百分之九十的恐懼都是你自己的想像，剩下的百分之十是真的恐懼，你只需接受就好。我不要求人們要勇敢，我要他們更有意識、更敏感，於是他們才更有回應的能力，只要警覺就已足夠，這樣人們就知道恐懼可以被當成墊腳石，所以不用擔心。

為什麼我還是這麼怕展現自己？

有誰不是？顯露自己會令人感到害怕，這是正常的，因為你必須讓人看到你腦子裡裝的那些累積了幾世紀、好幾輩子的垃圾，因為別人會看到你的弱點、你的局限和你犯過的錯，最終的意義是，你必須讓人見到你的脆弱。那就像是死亡……你必須面對你的「空」。

在所有垃圾和頭腦的噪音後面，有一個全然空寂的次元。沒有神在那裡，而你是空的，你想將這個赤裸裸的自己藏起來。你用好看的花打扮自己，假裝你自己是某某某，這不是你一個人的問題，每個人都會遇到這種情形。

沒有人能像一本打開的書一樣，將自己完全攤在桌上給別人看，恐懼會抓住你：「別人不知道會怎麼想我？」當你還小的時候，人們就教你戴漂亮的面具。你不必長得漂亮，只要戴張漂亮的面具就行，但面具是很廉價的東西，要蛻變你的長相需要很費力，但要在你臉上畫些油彩可就容易多了。

現在要你突然露出你真實的面目，你內心深處當然會顫抖，你在想：「別人看到會喜歡嗎？我會被接受嗎？別人會愛我、尊重我嗎？誰知道呢？」因為過去他們愛的是你的面具，尊敬的是你的人格，稱揚的是你華麗的外衣。現在，恐懼出現了：「要是我突然赤裸裸的出現在他們眼前，不知道他們會不會喜歡我、尊敬我、欣賞我？說不定他們會轉身而去，離我遠遠的，只剩我一個人？」

所以人們總是靠假裝在過日子，所有的假裝都是出於恐懼，當一個人無所畏懼的時候，他才能夠誠實。

生命中的基礎法則之一就是：所有你掩蓋的事情將會愈變愈明顯，所有你暴露出來的事情，如果是錯的就會消失在風中，如果是對的就會受到支持。當你想掩蓋時，對的事情會枯萎，因為它得不到滋養，它需要陽光和雨水，需要整個大自然的支持，唯有在真理之中它才能成長，真理是它的食物。若是停止供給養分，它就會日漸消瘦，於是人們的真實身分在餓肚子，假身分卻愈來愈胖。

假身分靠的是謊言過活，所以你不斷在製造謊言，為了圓一個謊，你得說另外一百個謊，因為謊言只能被更大的謊言支持。當你隱藏自己時，真實的會凋零，虛假的會壯大；而當你展現自己時，虛假的會消逝，一定會這樣的，因為虛假的無法被公開，它只能躲在黑暗中，藏在你無意識的隧道中，當你將它帶到意識裡時，它就開始消散。

精神分析學之所以成功的祕訣就在這裡，這個祕密很簡單，但卻是整個精神分析學成功的關鍵。精神分析師幫你將無意識的東西挖出來，帶到你的意識中，於是你可以看得見，別人也可以看得見，奇蹟就發生了：你只是看到而已，那些被挖掘出來的東西就開始消失。假如你能將那些東西和別人產生關聯——精神分析做的就是這個，你在精神分析師面前解剖自己，即使只是在一個人面前打開，那足已使你的內在產生巨大的轉變。

不過和精神分析師之間的互動是受限的：一切都在私密的環境下進行，他不會將你的事公諸於世，那是做醫生、治療師的職業道德，他有義務對病人的事保密。雖然對醫生敞開是有限制的，那是在專業保護下的敞開，但還是有幫助，所以精神分析才要花那麼久的時間，原本幾天就可以了結的事，要花上四五年的時間，有時甚至四五年都還做不完，世界上還沒有一樁精神分析案子是已經完全結案的，這事還沒聽說過。而且在你所做的分析中都還不能算完全，因為進行的過程有一定的限制，你的醫生有聽等於沒聽，因為他不會告訴別人你所說的。不過就算如此，還是有幫助的，你會有如釋重負之感。

如果你能以宗教性的方式敞開你自己，不是在專業人員的隱密保護下，而是在你所有的關係中做這件事，門徒所做的事就是如此。這是一種自我精神分析，而且一天二十四小時日以繼夜在進行，在任何關係裡你都可以做：和老婆、朋友、親戚、敵人、陌生人、上司、僕人等等，你隨時隨地都在看自己。

倘若你不斷地敞開自己，在一開始時會很嚇人，但很快地你的力量就會大增，因為當真實的被移到表面時就會成長茁壯，而不真實的就會凋謝。隨著真實的成長，你會更根植於自己的中心，變成一個獨立的個體，你的個性不見，而個體性出現。

個性是假的，個體性才是實質的；個性只是表面，個體性是你的真實。個性是外在加諸在你身上的面具，個體性是你的本來面目，是神賦予你的；個性是經過社會雕琢過的，個體性是原始且有著狂野特質的力量。

恐懼是自然的，因為從小你就被灌輸虛假的事情，你深陷在對那些東西的認同之中，要你丟掉等於要你自殺，恐懼是由於你發生認同上的危機。

你用某種身分活了五六十年，問這個問題的人一定接近六十大關了。現在，在這個人生的最後階段，要丟掉那個身分，然後重新開始認識自己是誰，是相當可怕的。死亡一天比一天接近，現在才要學一件新的事嗎？不知道自己是否能夠學得起來？誰知道？你或許會失去你舊的身分，而你沒有足夠的時間、精力和勇氣得到一個新的身分，難道說你死的時候會連自己是誰都不知道？你要在這最後的時候失去自己的身分？這實在太瘋狂了，想到這裡，你的一顆心就往下沉，就緊縮起來。

你會想：「偶爾嘗試一下新的是可以，不過還是維持既有的一切比較安全。」對此，你已經駕輕就熟了，好歹你都已經對自己是誰有一定的想法。而現在，我卻告訴你要全部丟掉那些想法，因為你並不是那個假的身分。

認識自己並不需要任何想法，事實上，你必須丟掉所有的想法，只有那時候你才知道自己是誰。

恐懼是自然的，不要批判自己，不要覺得那有什麼不對，那只是整個社會教育下的結果，我們只要接受它，超越它，而沒有任何譴責，不要存著我們應該超越恐懼的想法。

將自己敞開，慢慢來，一步一步走，哪有必要用跳的，你會受不了。不過很快你就會嘗到真理的滋味，你會驀然發現過去那六十年是白活的，舊的身分會丟棄，取而代之的是一個全新的觀點，不能說是新的身分，而是新的見解、新的視野。你沒辦法再用「我」作為一句話的開頭，你會用是因為實用的理由，但你永遠知道那個字沒有任何實質的意義，在那個「我」的背後，藏著廣闊無邊、神聖的海洋。

你將不會得到另一個身分，只是舊身分會消失，那時你才能首次感覺自己宛如是神的海洋裡的一個波浪，那不是一種身分，因為你不在裡面，你已經消失了，完全臣服在祂的腳下。

如果你禁得起失去假身分，真理將會為你所得，這是值得的，因為你失去的是假的，而你得到的是真理，你什麼風險都沒有，但你得到一切。

我發現自己感到生活很無聊，人也沒什麼活力。你說過要接受我們自己，不管我們是什麼樣子，我沒辦法接受生命，因為我知道我內在少了那麼一些喜悅，請問我該怎麼辦？

我聽說過有一種新的鎮定劑吃了不會讓你放鬆，這種東西就是為了諷刺你。試一下你就知道！吃吃看，吃吃看，再吃吃看——就像美國人一樣！不過不要吃超過三次。去吃吃看，然後要知道停，沒有必要一路蠢下去。

你問我：「我發現自己感到生活很無聊……。」這是個了不起的發現，沒錯，我是說真的！很少人會意識到他們的無聊，雖然他們很無聊，別人都看得出來，除了他自己以外。這個了解是一個全新的開始，現在讓我們一起看看這件事所代表的意思。

人是唯一會覺得無聊的動物，那是一項特權，也是人類尊嚴的一部分。你看過一頭水牛或驢子很無聊的樣子嗎？他們不會無聊，無聊代表的意思是你過生活的方式是錯的，所以才會變成是件大事，你了解到：「我覺得無聊，我需要做一番轉變。」所以別認為覺得無聊是不好的，那是個好徵兆，一個吉利的開始，但是不要就此打住。

為什麼會覺得無聊？因為你活在別人給你的既定模式中，把那些模式丟了，走出那些模式吧！開始過你自己的生活。

這事無關金錢、權力或聲名，只和你真正想做的事有關，去付諸實行，而不問結果，你就不會無聊了。你一定都是跟隨別人的想法，去做所謂「對的」事情，按照事情本來該做的樣子去做，這些都是無聊的基石。

所有人都覺得無聊的原因是，原本該當神祕主義者的人當了數學家，該當數學家的人當了政治家，該當詩人的當了生意人，每個人所在的位置都不是他應該在的地方。你無聊是因你沒有對自己真誠過，你沒有尊重過自己的存在。你必須冒險，要是你準備好冒險的話，無聊在一瞬間就會解除。

你說：「人也沒什麼活力。」要怎麼樣才會有活力？只有當你做你想做的事情時，你才有活力，不管你想做的是什麼。

梵谷只要能作畫，就快樂得不得了；即使一幅畫都沒賣出去，也沒人欣賞他的畫，他又快餓死了。他弟弟所給他的那一小筆錢，只夠他勉強度日，一個星期他只有三天可以吃飯，其餘四天都得餓肚子，這樣他才有錢買畫布、顏料和畫筆，可是他很快樂——他的活力恣意流瀉。

他自殺的時候才三十三歲，但他的自殺遠比你所謂的生活來得精采，因為他畫完自己真正想畫的東西之後才自殺。在他畫完一幅夕陽的作品那天——夕陽一直是他最想畫的題材——他寫了一封信，信上提到：「我的工作已經完成，我將心滿意足地離開這世界。」他自殺了，但我不會說那是自殺，他活得全心全意，像蠟燭從兩頭燃燒般地熱烈。

你或許活到一百歲，但你的生命卻乾枯到了極點，你說：「你說過要接受我們自己，不管我們是什麼樣子，我沒辦法接受生命，因為我知道我內在少了那麼一些喜悅。」

我所謂的接受你自己，不是指接受你生活的模式，不要誤解我。我說的是接受你自己，拒絕其他的一切，但你用自己的方式在詮釋我的話，事情就是這樣出錯的⋯⋯。

馬汀才剛走出降落在曼哈頓的飛機，馬上就有一個乞丐向他走去。

「先生，」乞丐說，「可不可以給我一角？」

馬汀反問：「一腳？」

乞丐思忖了一下，接著說：「您說的是，那可不可以給我兩角五？」

你所理解的不是我所說的，我說的是拒絕所有被施加在你身上的，不是叫你接受，要接受的是你最核心的內在，那是你從彼岸帶來的，這樣你就不會覺得錯過了什麼。當你無條件的接受自己時，喜悅立即像泉水一般湧出，你開始施展你的活力，生命真的變得充滿狂喜。

有個年輕人被他的朋友們誤認已經死了，但他只是昏迷而已。就在他快被活埋前，他的生命跡象及時被發現，所以他才死裡逃生。朋友問他死亡的感覺怎麼樣。

「死？」他語調提高了八度，「我才沒死呢！從頭到尾我都知道發生了什麼事，而且我也很清楚知道我沒死，因為我覺得腳很冷，還有我肚子很餓。」

「但是光是那樣如何讓你認為你還活著？」其中一個朋友好奇地問。

「這個嘛，我知道假如我在天堂的話，我就不會肚子餓；而假如我在另一個地方的話，我的腳應該就不會覺得冷。」

你可以確定你還沒死：你會肚子餓，你覺得腳會冷。所以只要起身去跑跑步就沒問題了！

有一個不識字又不懂社交禮儀的窮小子，愛上了一位百萬富翁的女兒，她邀請他去她們豪華的別墅見她父母親。見到了她們家裡的氣派，這個窮小子心中雖是十分震撼，但還是表現出一副輕鬆的樣子。到了晚餐時間，坐在那張豪華的飯桌前，在幾杯酒下肚，氣氛也比較輕鬆之後，窮小子放了一個大聲的屁。

女孩的父親抬起頭來，眼光投往他的狗，牠正好躺在窮小子的腳邊。「羅佛！」他語氣中帶著威脅。

窮小子心裡鬆了一口氣，那隻狗替他背了黑鍋。幾分鐘之後他又放了一個響屁。男主人又瞪了他的狗一眼，這次他聲音更大地說：「羅佛！」

之後又過了幾分鐘，他放了第三個屁。這位富豪氣得一張臉擠成一團，對他的狗斥喝道：「羅佛！趁他在你頭上拉屎前還不趕快離開！」

趁還有時間，趕緊逃脫你已經活了一輩子的牢籠！只需要一點勇氣，就那麼一點賭徒的膽量就夠了，你沒什麼好失去的，別忘記這一點。你只會失去你的枷鎖，你的無聊，失去你錯過什麼的感覺，除了這些，你還能失去什麼？趕快離開你一直墨守的成規，接受你的存在，你可以反對摩西、耶穌、佛陀、馬哈維亞、克里希那，但請接受你自己。你的責任不是對佛陀、查拉圖斯特拉、卡比兒或任何人，你只對你自己負責。

對自己負責，當我用「負責」（responsible）這個字眼時，請不要誤解它。我所指的不是義務或責任，我是從原字義上來使用這個字：如實地回應（respond to reality），要能夠回應事實。

你肯定是還沒為自己的生命負責過，只忙著滿足他人對你的期望，你還能有什麼損失的？你已經無聊透頂了，這是一個改變的好時機。你已經失去了你的活力，還要怎麼樣你才肯離開那座監獄？跳出去，連頭都不回一下！

他們說：「跳之前先想過兩遍。」我說：「先跳，然後你愛想幾遍都行。」

化解恐懼的靜心方法

每天晚上在你睡覺以前，定下一個固定的時間來做這個靜心，花二十分鐘的時間進入你內在的空，接受它在那裡，恐懼出現，也讓它在那裡，與恐懼一起悸動，不要抗拒那個新生的空間。在兩三個星期間，你就能感覺那個空間的動人，以及它所帶來的祝福；當你接觸到祝福時，恐懼就會自動消失，而你並不用與之抗衡。

以跪坐在地板上的姿勢，或你覺得舒適的姿勢，假如你的頭開始向前俯——一定會的——就允許它。你會形成幾乎像個胎兒在母親子宮內的姿勢，你的頭朝向你的膝蓋或地板，只要讓它自然發生就好。進入你自己的子宮，然後就待在那裡。沒有技巧，不用唸咒語，不花一絲努力，只要在那裡，只要去熟悉那個正在發生的。那是你從來都不知道的東西，你的頭腦很不安，因為那來自一個很不一樣的次元，未知的次元。頭腦不知道該如何是好，它以前從不知道那個東西的存在，所以很不解，會想為那個不知道是什麼的東西取名並加以分類。

已知的是頭腦，未知的是神，未知永遠不會變成已知的一部分，當它變成已知的一部分時，已經不是那未知的神。未知的將無法被知曉，即使當你知道它是什麼，它仍是無法被知曉的，這個奧祕是不能被解開的，它的本質就是無法被解開的。

所以每天晚上就進入這個空間，不管內在有恐懼升起，或是身體會顫抖，都沒有關係，恐懼會慢慢地減少，喜悅會愈來愈多。在三個星期內，總有一天你會突然看見好多祝福的發生，能量源源不絕地湧上來，你覺得萬般喜悅，有如黑夜已經結束，太陽已從地平線的那端緩緩升起。

放掉舊模式

我發現我依然在重複孩童時採用的模式。只要我的父母責備我，或說了任何讓我覺得是負面的話，我就閉嘴逃開，安慰自己我不需要倚靠其他人，我可以獨自處理。現在，我開始看見自己面對朋友時，也用同樣的方式在回應……。

試著用背道而馳的方法改掉頑固的老習慣。也就是說每當你覺得想把自己關起來的時候，就敞開你自己；假如你想出去，就不要出去；假如你想說話，就不要說話；如果你想停止和別人的爭論，就愈認真地去爭論到底。

每當一個會令你恐懼的狀況出現時，你可以有兩種做法：不是去吵，就是逃走。傳統國家的小孩通常沒辦法吵，要是美國的小孩，他們會吵翻天，必須逃走的反而是父母親！但是在傳統包袱沉重的國家，或重視傳統的家庭裡，小孩子沒有對抗的能力，唯一的方法是把自己關起來以做為保護，所以你學會了用逃走的方法。

為今之計是每當你想逃時，就待在那裡，表現出你的頑固，好好去幹一架。用一個月的時間去做相反的事，我們再來看看。當你可以辦到時，你將知道要如何丟掉「吵或逃走」，那兩者都必須被丟掉，因為只有到那時候，你才會是無懼的，因為兩者都是錯的，只是在其中一邊的你已經錯得太深，你需要另外一邊來平衡。

所以在一個月的時間內，不管是什麼事，你去做一名真正的戰士。你的感覺會非常棒，真的很棒！因為每當你逃避的時候，你的感覺會很糟糕，把自己關起來是懦弱的方式，要勇敢一點！然後我們才能丟掉兩者，因為勇敢的背後也是膽怯，當勇敢和怯懦兩者都消失時，你才會變成無懼，去試試看！

如果你無法信任的話，你必須追溯到過去，在你的記憶裡好好挖掘，你必須回到過去，清理你腦中過去的一些印象。你過往堆積的垃圾必定像山一樣高，去清一清，好好卸下過重的包袱。

做法的重點在這裡：你不只是記憶上回到過去，你重新活過它。把這個當成一項靜心，每天晚上的時候，給自己一小時的時間回到過去，試著去找到童年時期發生過的一切，能走得愈深愈好，因為我們藏起許多發生過的事，不讓它們浮現到意識裡。讓它們浮現到表面上來，讓自己每天都回到過去，你會走得愈來愈深。

一開始，你會記起四五歲時的事情，然後你無法再前進，好像有一道萬里長城擋在前面。可是逐漸地，你會看出來你正愈走愈深，你可以回到兩三歲的時候，有人可以回到他剛從子宮出來的時候，有人則走得更深一些，回到前世死亡的時候。

假如你能回到你剛出生的那個時間點上，而且再次活在那個片刻，那對於深層的傷痛會有幫助，你會感覺自己幾乎就像是再出生一次。或許你會像剛出生的嬰兒一樣嘶喊，或許還會覺得快要窒息，就像嬰兒要離開子宮前感覺快窒息一樣，那時候你是不能呼吸的。在歷經一陣窒息之後，發出第一聲嘶喊，然後開始呼吸，打通呼吸道，肺部開始運作。你說不定會回溯到那個點上，然後你回來，再去，然後再回來。

每天晚上都做這個靜心，最少要花三到九個月；每一天，你都會覺得包袱卸下了一些，信任則同步產生。當過去清楚之後，你已看到所有發生的一切，於是你自由了。要訣在這裡：當你意識到你記憶中的任何事，你就能擺脫這件事，覺察會解放你，無意識會造成包袱，這樣一來信任就是可能的。

你可以坐在椅子上，以任何你覺得舒服的姿勢坐著，接著雙手疊在你的大腿上，右手放在左手的下面，這個位置很重要，因為右手和左腦相連，而恐懼是從左腦來的；左手和右腦相連，勇氣就是從右腦產生的。

左腦負責的是理智，而理智是一個膽小鬼，所以你不會看到有人是英勇與聰明兼具的，一個英勇的人不會是聰明的，他一定不是理性的人。而右腦是直覺性強的……這些不只是象徵而已，在特定的相關姿勢下，會有不同的能量現象產生。

右手放在左手下方，兩隻拇指接觸之後，接下來你只要放鬆，眼睛闔上，讓下巴自然鬆開，用嘴巴呼吸。不要用鼻子呼吸，開始用嘴巴呼吸，這樣你會很放鬆，當你不用鼻子呼吸時，頭腦的老模式就無法運作。以這新的呼吸方式，要形成一個新的習慣會很容易。

其次，當你不用鼻子呼吸時，你的頭腦就不會受到刺激，因空氣直接進入胸腔而不經過你的頭腦，不然頭腦會持續收到刺激與按摩，那就是我們透過鼻孔呼吸會不斷變化的原因。用一邊鼻孔呼吸會按摩其中一側的大腦，用另一邊鼻孔呼吸，另一側的大腦會被刺激，每隔四十分鐘就會換一次。

只要以這種姿勢坐著，用你的嘴巴呼吸。用嘴巴呼吸時，你的呼吸不會改變，你連續打坐一個小時，呼吸會一直保持一樣的頻率，你會維持在同一個狀態。若是用鼻子呼吸時，你就不會保持在同一個狀況，你也不知道自己的呼吸變了。

這樣的方式會創造出十分寧靜而且嶄新的一體感，你很放鬆，你的能量開始以新的方式流動。只要靜靜地坐著至少四十分鐘，什麼事都不做，如果能坐一小時更有幫助。所以如果可以的話，先以四十分鐘開始，慢慢再增加到一小時，每天都做。

不要錯過任何機會，不管什麼樣的機會來臨，去經歷。永遠選擇生命，永遠選擇去經驗，別退縮，別逃避，記得要去享受任何可以讓你揮灑創造力的機會。

對神的畏懼

對於有個人格化的神在照顧著我們的想法，就算這是個假設，不也很實用嗎？因為，每當想到放掉神的想法我就覺得心驚肉跳。

為什麼你會怕丟掉神？想必神是讓你不害怕的因素，所以當你放掉的時候你才會怕，神是你心理上的保護，事情就是這個樣子。

小孩子不可能不怕，當他還在母親子宮裡時，他是沒有任何懼怕的，我沒聽說有哪一個在子宮裡的小孩會想到上教堂，或去讀可蘭經這些事，甚至還去管有沒有神的存在，我沒聽過這種事。我無法想像子宮裡的小孩會對神、撒旦、天堂、地獄有任何興趣，想那些做什麼？他已經在天堂了，沒有什麼會比那更好的了。

在子宮中他受到周密的保護，他住在一個舒適的家裡，漂浮在對他有滋養性的環境中。你會驚訝於在那九個月之中，他成長的速度遠比九十年之間能長的還多，而且發育得很均衡。在九個月之內，他經歷了一段長途的旅程，從一顆幾乎看不到的細胞到成人形，他通過了幾百萬年的演化；自地球上開始有生物，到現在的演化過程，他歷經了所有的階段。

在子宮裡絕對安全無虞：不必工作，不必怕挨餓受凍，一切都由母親的身體包辦。在那樣安全的環境下住了九個月，導致了一個你稱之為「宗教」的問題產生。

當孩子從母親體內出來後，他第一件經歷的事就是恐懼。

事情很明顯，他剛失去他的溫暖的家、他的保護，所有他以為是他世界裡的一切已完全失去。他被丟到一個奇怪的世界，他完全不認識的世界，還必須靠自己呼吸。

要過了幾秒鐘，小孩才會發現他必須自己呼吸的事實，母親的呼吸對他沒有幫助。為了幫他產生感覺，醫生會將他頭下腳上地倒過來，然後用力拍打他的屁股，好一個開始！好一個歡迎！

由於那個用力的拍打，小孩開始呼吸。你是否曾經觀察過，當你害怕的時候，你的呼吸會改變？假如你沒有注意過，你可以現在開始觀察。每當你害怕的時候，你的呼吸立刻開始改變；每當你覺得自在、沒有害怕時，你會發現你的呼吸很和諧，愈來愈平靜。靜心到深處時，有時你會感覺好像你的呼吸停止了，其實它沒有停，只是幾乎停止而已。

剛出生的小孩對一切都感到害怕，他住在黑暗的子宮中九個月，而在他所出生的現代化醫院中，到處都是刺眼的日光燈，他的眼睛從沒見過光，連蠟燭光都沒見過，所以醫院裡的燈對他來說是種驚嚇。

醫生連等都不等一下，就把他和母親連接在一起的臍帶給剪斷，他安全感的最後希望也沒了……而他是這麼的小。你們都很清楚，整體存在中人類的小孩是最無助的，其他生物的小孩都不像這樣。

所以馬才沒有發明神的假設，大象沒有想過神的存在，因為沒有需要。小象一出生後就開始到處走來走去，探索這個世界，牠不像人類的小孩一樣無助。令人驚訝的發現是，許多事情的存在，都是倚賴著小孩無助的事實：你的家庭、社會、文化、宗教、哲學，這些全都靠小孩的無助存在。

在動物的世界裡，家庭並不存在，理由很簡單，因為小動物並不需要父母親。人類的父母親就不同，那是他們愛的結晶，他們必須一起照顧孩子。假如現在人類的小孩孤伶伶地被留在那裡，就像許多動物的幼獸一樣，你無法想像他可以活得下去，那是不可能的！他要去哪裡找食物？他要向誰要求食物？他又該要求什麼？

難道說他出世得太早？有幾位生物學家說人類的小孩太早出生，九個月還不夠，因為他出生時什麼都不會。可是母親的身體沒辦法承載孩子超過九個月，不然她會死，如果她死了，小孩也就不保了。

有人曾經算過，如果小孩能在母親身體裡待到三年，那就不需要父母親、家庭、社會、文化、神、牧師的存在。可是小孩無法在母親的子宮裡住那麼久，這個奇怪的生物現象影響了整個人類的行為、思想、家庭與社會結構，而這也造成恐懼。

人出生後的第一個經驗是恐懼，最後一個經驗也是恐懼。

出生也像是一種死亡，你應該記得。只要從小孩子的觀點看就知道，他住在一個完全穩定的世界，他感到絕對的心滿意足，因為他什麼都不需要，也不欲求任何東西，只是純粹享受存在的感覺，享受成長的滋味，然後突然間，他被丟了出去。

對孩子來說，這個經驗是死亡的經驗：他舒服又安全的家，他的世界死掉了。科學家說我們還沒有辦法製造一個像子宮一樣舒適的家，許多人一直努力地想擁有一個家，其實只是因為他想再回去那個舒服的子宮。

為了帶給你同樣的感覺，我們甚至做出了水床，還有浴缸，躺在上面你可以跟嬰孩的感覺一樣。那些知道怎麼泡熱水澡的人還會在水裡加海鹽，因為在子宮裡的羊水很鹹，鹹得跟海水一樣。但是你能在浴缸裡躺多久？我們發明這東西不是為別的，只是為了你所失去的子宮。

佛洛伊德不是成道者，事實上他有一點瘋狂，儘管如此，有時候他也會有一些頗有深意的想法。例如，他認為男人和女人做愛其實是想要再次進入子宮的努力。這話或許不無道理，這個人瘋狂歸瘋狂，又是這麼久以前講過的話，你還是要很仔細地聽他所說的。

我覺得他的話有一些道理：找尋子宮，他曾經自那裡而來……他沒辦法再回去是真的，所以他開始做各式各樣的東西，挖洞穴，蓋房子，造飛機。那不是不可能的，有一天你會看到機艙內，人們漂浮在裝滿鹹水的熱水浴缸裡，卻一點也不驚訝。飛機可以提供你相同的情境，但你不會有同樣的滿足感。

我們試著讓那個環境很舒適：只要按一下按鈕，空服員就會出現。可是不管我們再努力，那裡也比不上子宮來得舒服。小孩子什麼都不知道，甚至不需要按任何按鈕，在他肚子餓以前，他已經被餵飽了；連呼吸都不必呼吸，就已經供給他氧氣，他什麼事都不用管。

於是小孩子從母親的子宮裡出來，如果他有感覺的話，他一定會覺得那就像死亡，而不是出生，出生是我們的想法，因為我們是站在外面看的人。

再看第二次的死亡。有一天，在經歷一生辛苦的打拚之後……他總算小有成就：一間小房子，一個家庭，一小圈朋友，一點溫馨的感覺。在世界一角的小空間裡他可以放鬆，自在地做他自己，那一切得來不易，花了他畢生的心血。

醫生又出現在他的眼前，就是當初打他屁股的那個醫生！不過當時是為了幫他開始呼吸，而這一次就我們所知……我們現在是在這邊，我們不知道另一邊是什麼情形，只能運用我們的想像力，所以才會有天堂和地獄……各種誇張的想像都有。

我們在這一頭，那個人在那一頭快要死了，對我們來說他正在垂死，對他來說，也許正在經歷重生，不過那只有他知道，他無法轉過頭來告訴我們：「別擔心，我沒死，我還活得好好的。」他不能回去母親的子宮，做最後一眼的回顧，對每個人說再見。現在他也無法回來，再張開眼睛，對你們所有人告別，然後說：「放心，我沒有死，我再次出生了。」

印度教中關於重生的想法不過是一般的出生。從子宮的觀點——如果子宮可以思考的話——這小孩已經死了，從小孩的觀點——如果他可以思考的話——他正在垂死。但是他又被生出來，所以那不是個死亡，那是重生。他們對死亡也有同樣的投射，從這一面看起來，這個人像是快要走了，可是從另一面……是我們自己的想像，我們愛怎麼想都行。

由於社會與文化背景上的不同，每個宗教對另一邊的描繪都不盡相同。舉例來說：西藏人認為死者是在一個恆常溫暖的新世界裡，因為他們覺得寒冷的感覺挺嚇人的。

印度人就不認為那裡是永遠溫暖的，四個月的炎熱季節就教人受不了了，如果永遠都是那樣的溫暖，你大概會被煮熟！以前印度人不知道什麼是冷氣，不過印度教裡所描述的天堂就和裝有冷氣的感覺沒什麼兩樣：空氣永遠是涼涼的，不冷也不熱，適度的涼爽。永遠都是春天，像印度的春天：百花盛開，空氣裡充滿清香，小鳥在枝頭唱歌，一切都欣欣向榮，不過氣溫是涼爽的，而不是溫暖的，他們都說：空氣總是清涼的。

這是你的頭腦在投射種種的想法，不然，不管西藏人、印度人或阿拉伯人，那個地方應該都是一樣的。阿拉伯人不認為另一個世界裡有沙漠，他們境內的沙漠已讓他們吃夠苦頭了，另一個世界一定是綠洲，到處都是綠洲，不是需要你走了一百哩之後才找到一小池水和幾棵樹的綠洲，而是一整片都是綠洲，沒有沙漠。

我們會投射，但是對正在垂死的人，他正在經歷從前經歷過的過程。大家都知道一個事實，在一個人臨死之前，如果他仍有意識，如果他沒有陷入昏迷，他會開始記起自己的整個一生，就從他剛出生的那一刻起。在死前回顧他那一輩子發生了什麼，這是很有意義的一件事。你一生的那本日曆在短短的時間裡快速翻動著，就好像是在放映一場電影。

那本日曆不停地翻過，因為在兩小時裡要包含你好幾年的生命……假如日曆翻的速度跟平常的步調一樣，你可能要在電影院裡坐上兩年，誰會有那麼多美國時間？不，日曆不停地往前翻去，到死亡時甚至翻得更快。在短短的時間內，整個一生很快就在腦海裡閃過，然後停在最初的那時候，也就是同樣的過程再發生了一遍，他的生命完成了一個循環。

為什麼我要你記住這個？因為你的神不過是你出生第一天時所經驗到的恐懼，那個恐懼在你的生命中愈變愈大，那就是為什麼一個人年輕的時候，可以當個無神論主義者，但是當他上了年紀之後就不容易。如果你在他一腳已經踏進棺材裡時去問他：「你還是不相信有神的存在嗎？」他會說：「我正在重新考慮這件事。」因為他在害怕：「會發生什麼事？」他的世界正在消失中。

你問我：「每當我想到放掉神的想法就讓我心驚肉跳。」這充分說明了一件事，你對神那麼深信不疑，只是因為你壓抑你的恐懼，所以當你放掉你對神的相信時，恐懼就浮現出來了。

假如恐懼浮現，表示你必須面對它，用神的想法將恐懼掩蓋對你一點幫助都沒有。你不再有信仰，你的信仰已經瓦解，你無法再信仰神，因為懷疑才是真的，信仰是假的。在事實之前，沒有任何虛構的東西能站得住腳，眼前如果神對你只是變成一種假設，你的祈禱也沒有用了。你知道那是一個假設，你不能否認的假設。

如果你聽過真理，你就很難忘得掉，真理的其中一個特質就是，你不需要刻意記得它，若是謊言你就需要不斷提醒自己，因為你可能會忘記。一個習慣說謊的人，他的記憶力要比習慣於真理的人來得好才行，因為一個真實的人不需要記憶任何東西，倘若你所說的都是真的，你並不需要去記得。但是要是你說謊，你必須記得自己對誰說了些什麼，時時在腦海裡做分類歸檔的動作，而且每當謊言出現問題時，你還得說另外一個謊來圓它，所以那是一連串的謊言，謊言可沒有節育的概念。

真理是獨身主義者，它沒有小孩，事實上它根本沒有結婚。

神只是教會、政客、當權者、教育界的人創造出來的一個假設，他們全都想要把你變成心理上的奴隸，這樣他們可以享受既得利益……當你看清楚這一點之後，你將明白他們為何要讓你怕成那樣，因為如果你什麼都不怕的話，你對他們來說是危險分子。

你有兩條路可走。第一條路：當個怕事的懦夫，隨時都準備好讓步，這種人沒有尊嚴，因為他不尊重自己。第二條路：成為無懼之人，不過這樣一來你不可避免的要做一個叛逆者。總之不是做一個信仰之人，就是當一個叛逆的靈魂，那些不願見到你反叛的人——因為你的叛逆干擾了他們的利益——他們以種種的宗教制約將你洗腦，使你內在充滿恐懼，那正是他們享有權力的原因。任何對權力有興趣的人，特別是為了權力而活的人，神存在的假設對他們來說很好用。

假如你會怕神——如果你相信神的話，就一定會怕祂——你必須遵守祂的規定和戒律，你必須聽從祂和祂的代理人的話。其實祂並不存在，只有祂的代理人在，這種做生意的方式很奇怪。沒有老闆，不過倒有不少中間商：神父、主教、樞機主教、教宗、彌賽亞，但在所有階層的最頂端卻沒有人。

耶穌從神那裡得到祂的地位與權力，因為祂是神唯一的兒子；教宗從耶穌那裡得到地位，他是耶穌如假包換的代表，就這樣一路下去到最下面的神父……可是沒有神，那是你最怕的，於是你要求虛擬一個神，因為你無法單獨一個人活著。你無法承擔生命中的美、痛苦與不安，如果沒有人來保護你，為你遮風擋雨，你不知道該如何面對生命中的這一切。由於你的恐懼你才需要神，當然這世界到處都有騙子來滿足你的需要，只等你開口。

你必須掀掉神這層保護膜，去經歷恐懼，並接受那是一個存在人類之間的現實狀況，不需要閃躲，反而要走進恐懼的深處。你走得愈深，你會發現恐懼隨之減少。

當你抵達恐懼的最底層時，你會大笑不已，因為根本沒有什麼好怕的。

在恐懼消失後，純真隨即出現，那正是一個具宗教品質的人所攜帶的精髓。出於純真，一切都是可能的；由於你的純真，你回歸到一個平凡人，全然接受你的平凡，快樂地活在你的平凡之中。對存在充滿感激，可不是對神感激，那是別人灌輸你的想法。

存在不是一個想法，它在你內在，也在你外在，它無所不在。當你是那般純真，一份深深的感激之情會自你內心升起。我不稱那是祈禱，因為祈禱時，你是在要求某樣東西，我說那是一種由衷的感激，因為你不是在要求什麼，而是對你所被賦予的一切覺得感激。

存在所賦予你的是那麼多，你值得獲得那麼多嗎？你曾做過什麼來得到這些嗎？

存在從沒停過施予你一切，如果你還要求更多，那麼做實在很醜陋，你該對你已經擁有的心存感激。

最美的事情是，當你懂得感謝時，存在也會不吝惜賜予你更多，於是那成了一個循環。你得到愈多，就愈會感謝存在，你愈感謝存在，就會得到愈多……那是一個無窮無盡的過程。

不過記住，神的假設已經被你丟了，其實當你說那是一個假設時，神就被你丟了，不管你怕還是不怕，你都收不回來了。

現在唯一的方法是走進你的恐懼裡。

靜靜地走進去，你可以找到它的深處所在。

有時候會發生這樣的事：恐懼並沒有很深。

在一片漆黑的夜裡，有個人走在路上，一個不小心在一顆岩石上滑倒，因為他知道那地方是一個地勢很深的山谷，他擔心自己會滑下幾千呎深的谷底去，於是抓住一條從岩石上方垂下來的樹藤。深夜裡，舉目所能見到的只是無底深淵，他放聲大喊，卻只聽見他自己的回聲，周圍沒有半個人。

你可以想像他整晚所歷經的折磨，死亡離他很近，他的手發冷，快抓不住樹藤了……當太陽出來時，他往下一看，他忍不住笑了出來：哪裡有什麼深淵？就在六呎深的地方有一大塊岩石。那岩石夠大，他原本可以好好睡上一覺，可是那整晚對他而言卻是場惡夢。

以我自己的經驗，我可以告訴你：那恐懼不超過六呎深。看是要緊抓住樹藤不放，將整晚變成一場夢魇，或是你想放掉樹藤，靠你自己站著，這全賴你自己的決定。

沒有什麼好怕的。

附錄　成為寧靜與單獨的勇氣

◎此附錄請配合奧修演講影片，可至生命潛能官網，或掃描下方 QR Code 觀看影片。

靜心不過是能夠安靜與單獨的勇氣。

慢慢地，慢慢地，你開始在自己身上察覺出一份新的品質，一種新的活力，新的美感、新的智慧。不是從別人那裡借來的，是從你內在滋長，根就在你的本質裡。假如你不是怯懦膽小之人，開花結果的時節自會降臨。

廣　告　回　信
台北郵局登記證
台北廣字第04947號

11167
台北市士林區承德路四段234號8樓
生命潛能文化事業有限公司

感謝所有支持及關心生命潛能的廣大讀者群，即日起，
掃描生命潛能官方LINE@ QR Code ，您將能獲得：

◆官網專屬購物金
◆當月出版新書資訊
◆不定期享有獲得活動特殊好禮機會
◆新舊書優惠特價資訊
◆最新活動及工作坊開課資訊

Scan me

生命潛能出版社　讀者回函卡

姓名：＿＿＿＿＿＿＿＿＿＿　性別：☐男　☐女　年齡：＿＿＿

電話（含手機）：＿＿＿＿＿＿＿＿＿＿＿＿＿＿＿＿＿＿＿＿

E-mail：＿＿＿＿＿＿＿＿＿＿＿＿＿＿＿＿＿＿＿＿＿＿＿

購買書名：奧修談勇氣

購買方式：☐書店 ☐網路 ☐劃撥 ☐直接來公司門市 ☐活動現場 ☐贈送 ☐其他＿＿＿＿＿

何處得知本書訊息：☐逛書店 ☐網路 ☐報章雜誌 ☐廣播電視 ☐讀書會 ☐他人推廣 ☐圖書館
☐演講、活動 ☐書訊 ☐其他＿＿＿＿＿

購書原因：☐主題 ☐作者 ☐書名 ☐封面吸引人 ☐書籍文案 ☐價格 ☐促銷活動

感興趣的身心靈主題：☐天使系列 ☐高靈/靈魂系列 ☐塔羅牌/占卜卡 ☐心理諮商 ☐身體保健
☐身體保健 ☐兩性互動 ☐親子教養 ☐水晶系列 ☐冥想/瑜珈

對此書的意見：

期望我們出版的主題或系列：

【聆聽您的聲音　讓我們更臻完美】

謝謝您購買本書。對於本書或其他生命潛能的出版品項，若您有任何建議與感想，歡迎您將上方的「讀者回函卡」（免郵資）或掃描線上版的讀者回函表，填妥後寄出，讓我們更能了解您的意見，作為出版與修正的參考。非常感謝您！

Scan me

線上版讀者回函表

Original English title: ***Courage : The Joy of Living Dangerously***
This book is a transcript of a series of original talks Courage : The Joy of Living Dangerously by Osho given to a live audience. ALL of Osho's talks have been published in full as books, and are also available as original audio recordings.
The complete text archive can be found via the online OSHO Library at www.osho.com

原文書名：Courage : The Joy of Living Dangerously。
本書為奧修對聽眾所作的一連串演講 Body Mind Balancing: Using Your Mind to Heal Your Body。所有奧修演講都有書籍出版和原始錄音檔案。可以透過 www.osho.com 的線上圖書館找到錄音檔案和完整的文字檔案。

欲了解更多資訊請瀏覽
www.OSHO.COM
這是一個綜合性的多語網站，包括雜誌、奧修書籍、奧修演講的影音產品、英語及印度語的奧修圖書館資料文獻，以及關於奧修靜心的各種資訊。您也可以在這兒查詢奧修多元大學的課程表以及奧修國際靜心村的相關資訊。

相關網站：
http://OSHO.com/resort
http://OSHO.com/ALLAboutOSHO
http://OSHO.com/shop
http://www.youtube.com/OSHO
http://www.oshobytes.blogspot.com
http://www.Twitter.com/OSHOtimes
http://www.facebook.com/pages/OSHO.International
http://www.flickr.com/photos/oshointernational

您可透過下列方式聯繫奧修國際基金會
www.osho.com/oshointernational,
oshointernaional@oshointernational.com

奧修靈性成長系列 62

奧修談勇氣——在生活中冒險是一種喜悅

原著書名｜Courage：The Joy of Living Dangerously
作　　者｜奧修（Osho）
譯　　者｜黃瓊瑩（Sushma）
發 行 人｜王牧絃
總　　監｜王牧絃
執行編輯｜林德偉
內頁設計｜陳柏宏
出版發行｜生命潛能文化事業有限公司
聯絡地址｜台北市士林區承德路四段 234 號 8 樓
聯絡電話｜(02) 2883-3989
傳　　真｜(02) 2883-6869
郵政劃撥｜17073315 戶名 / 生命潛能文化事業有限公司（劃撥完成請務必來電告知）
E-MAIL｜tgblife66@gmail.com
網　　址｜http://www.tgblife.com.tw

購書八五折，未滿 1500 元郵資 80 元，購書滿 1500 元以上免郵資

印　　刷｜博創印藝文化事業有限公司・電話｜(02) 8221-5966
法律顧問｜大壯法律事務所 賴佩霞律師
版　　次｜2020 年 10 月二版
定　　價｜340 元

ISBN：978-986-99236-6-8（平裝）

Original English title: *Courage : The Joy of Living Dangerously*
This book is a transcript of a series of original talks Courage : The Joy of Living Dangerously by Osho given to a live audience. ALL of Osho's talks have been published in full as books, and are also available as original audio recordings.
Audio recordings and the complete text archive can be found via the online OSHO Library at www.osho.com

國家圖書館出版品預行編目（CIP）資料

奧修談勇氣：在生活中冒險是一種喜悅 / 奧修（Osho）著；黃瓊瑩譯 . -- 二版 . -- 臺北市：生命潛能文化，2020.10
面；　公分 . --（奧修靈性成長系列；62）
譯自：Intimacy：trusting oneself and the other
ISBN 978-986-99236-6-8（平裝）

1. 靈修
192.1

讓生命潛能 帶你探索心靈世界的真、善、美
Life Potential Publishing Co., Ltd